lonely planet

DE CERCA
CANCÚN
Y LA RIVIERA MAYA

AF276410

Regis St Louis y Mara Vorhees

Sumario

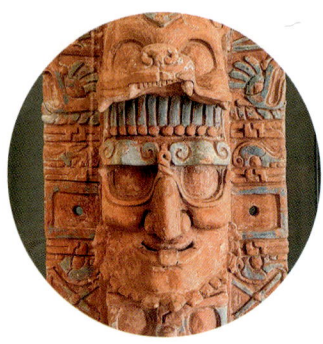

Arriba: Museo Maya (p. 52), Cancún.
Abajo: isla Holbox (p. 75).

Puesta a punto 4

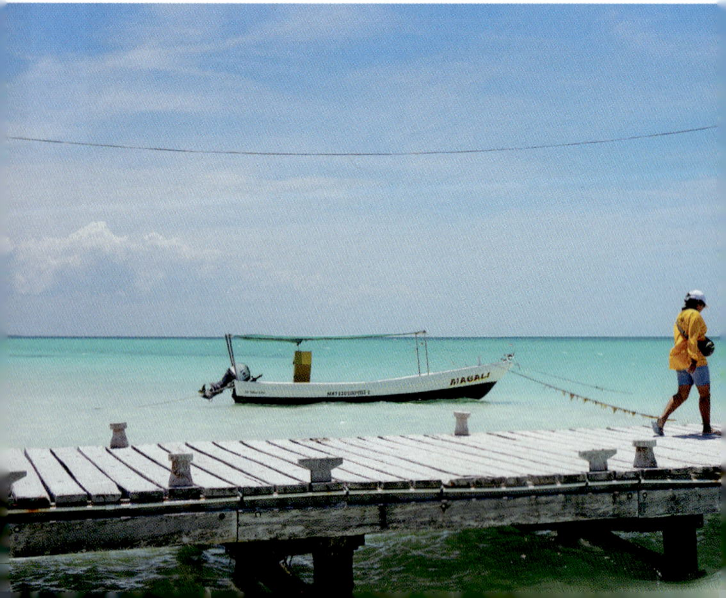

Explora Cancún y la Riviera Maya 29

Guía práctica 141

DESDE ARRIBA: CK TRAVEL PHOTOS/SHUTTERSTOCK; DARIO AYALA/SHUTTERSTOCK

★ Imprescindibles

El viaje empieza aquí

Cancún y la Riviera Maya ofrecen grandes aventuras en un marco espectacular: caribeñas aguas azules y playas doradas. Son el lugar ideal para pasear al alba por orillas de arena fina, ver ciudades antiguas fascinantes y bucear en arrecifes de coral llenos de vida marina. Invitan a explorar islas preciosas y cenotes, esas pozas color zafiro que parecen de otro mundo y que, según los mayas, eran las puertas al inframundo. Hay mucho por descubrir y nuevas formas de viajar, gracias al esperado Tren Maya, la línea ferroviaria recién estrenada que recorre la península. *Regis St Louis*

Regis St Louis
@regisstlouis
Regis ha escrito mucho sobre México y otros destinos de Latinoamérica. Cuenta con más de 100 títulos de Lonely Planet en su haber.

Mara Vorhees
havetwinswilltravel.com
Mara escribe sobre cómo viajar por el mundo en familia. Suele viajar con sus hijos gemelos de 15 años.

Cenote Cristalino (p. 90).
ALEXEY OBLOV/SHUTTERSTOCK

LO MEJOR

Comida y bebida

Este es el lugar ideal para probar fabulosas recetas tradicionales, pescado y marisco recién capturado y una ecléctica mezcla de cocina internacional. También se disfrutará de cócteles al anochecer y copas en los animados locales nocturnos de la costa.

Saborear el delicioso *tikin xic* (pescado hecho en hojas de plátano) frente al mar en la **Casa del Tikinxic,** en isla Mujeres. (p. 72)

Juntarse con juerguistas del mundo entero en **Coco Bongo,** discoteca de Cancún famosa por sus espectáculos y multitudinarias fiestas de baile. (p. 55)

Disfrutar del entorno ajardinado de **La Cueva del Chango,** en Playa del Carmen, mientras se degustan platos creativos y clásicos. (p. 96; foto)

Ir de bar en bar por la Quinta Avenida de Playa del Carmen, sede de garitos de *jazz* cubano como **La Bodeguita del Medio.** (p. 97; foto)

Comer langosta o cangrejo real al son de los mariachis en **Casa Mission,** mansión de Cozumel convertida en restaurante. (p. 136)

Salir de fiesta en **Papaya Playa Project** (Tulum), cuyos DJ y grupos en directo ofrecen una adictiva banda sonora playera. (p. 115)

Dcha.: Coco Bongo, Cancún (p. 55).

LO MEJOR

Buceo y submarinismo

La costa caribeña abunda en inmersiones de primera, sobre todo en la isla de Cozumel. Los amantes del esnórquel vivirán encuentros con tortugas marinas y demás fauna acuática en varios puntos de la costa este.

Vivir una aventura en la **isla Mujeres** buceando en sus arrecifes de aguas someras, cuevas de tiburones y museo de esculturas subacuático. (p. 63; foto)

Admirar la fusión de arte y vida marina en el **Museo Subacuático de Arte,** un arrecife artificial hecho de cientos de esculturas. (p. 50)

Ir de día a los coloridos arrecifes de la **isla Cozumel** y regresar de noche para una sesión nocturna de buceo sensacional. (p. 126)

Bucear con tiburones ballena en plena migración en la **isla Holbox,** una inolvidable aventura de verano. (p. 82)

Explorar los recovecos del **Parque Dos Ojos,** un conjunto espectacular de cenotes con uno de los sistemas de cuevas submarinas más grandes de México. (p. 90)

Ir a **Akumal** para bucear con tortugas marinas y luego nadar en una laguna rebosante de vida marina. (p. 116; foto)

Dcha.: cenote Nicte Ha, Parque Dos Ojos (p. 90).

LO MEJOR

Playas y lagunas

Parece un sueño: arenas doradas lamidas por las olas y palmeras que se balancean al viento. Hay playas preciosas y lagunas cristalinas donde practicar deportes acuáticos o tumbarse a descansar.

Juguetear con las olas de **playa Delfines,** una de las más bonitas de Cancún. (p. 52; foto)

Tomarse una copa tropical con los pies en la arena mientras se ve el mundo pasar en un **club de playa** de Tulum. (p. 114)

Ver salir el sol dando un paseo por **Punta Esmeralda,** una tranquila franja de arena virgen en Playa del Carmen. (p. 94)

Empaparse de los vivos verdes y azules de la **laguna de Bacalar,** la mayor de Yucatán. (p. 98; foto)

Pasar el día en las playas solitarias de **isla Holbox** y volver de noche a admirar su bioluminiscencia. (p. 75)

Alquilar un descapotable y recorrer **Cozumel,** parando en los clubes de playa de la costa oeste y en la más asilvestrada costa este. (p. 123)

Dcha.: isla Cozumel (p. 123).

El Castillo (p. 56), Chichén Itzá.

LO MEJOR

Actividades sobre historia maya

La civilización maya, una de las más grandes del mundo preindustrial, legó imponentes pirámides, templos y canchas de juegos de pelota, algunos con más de mil años de antigüedad.

Visitar el yacimiento maya por excelencia: **Chichén Itzá,** en su día una ciudad grandiosa de imponente arquitectura. (p. 56)

Pedalear por templos, estelas y canchas de juegos de pelota en **Cobá,** en un espeso bosque. (p. 120)

Descansar de tanta playa en **El Meco,** un puerto maya que probablemente estuvo activo hasta que llegaron los españoles. (p. 42)

Admirar las vistas del Caribe mientras se explora la ciudad maya de Tulum, antes fortificada y hoy parte del **Parque del Jaguar.** (p. 106)

Visitar **Punta Sur** (isla Mujeres), antiguo lugar de peregrinaje sagrado dedicado a Ixchel, diosa de la Luna, la fertilidad y el parto. (p. 67)

Ir al **Museo de Cozumel** a conocer la ancestral presencia humana en la "isla de las golondrinas". (p. 132)

Lo mejor para niños

Mezclarse con las familias de Cancún los fines de semana en el **parque de las Palapas,** donde hay tiovivo, coches eléctricos para niños, camas elásticas, comida callejera y artistas extravagantes. (p. 34)

Hacer un circuito en un barco con el fondo de cristal para ver las esculturas y el arrecife artificial del **MUSA,** lleno de manglares, aves y fauna marina. (p. 50)

Enfundarse un chaleco salvavidas y saltar a **Los Rápidos,** un canal de la laguna de Bacalar. También se puede nadar, alquilar un kayak o comer. (p. 101)

Dedicar un día al **Punta Sur Eco Beach Park** (Cozumel). Visitar un faro, hacer un circuito en barco, ver ruinas mayas y jugar en la playa. (p. 132)

Relajarse en las aguas claras del **Cenote Cristalino,** una de las muchas pozas rodeadas de bosque de Yucatán. (p. 90)

Lo mejor gratis

Remojarse en las pozas, nadar en aguas someras y admirar las puestas de sol en **playa Norte** (isla Mujeres), una de las playas más bellas de México. (p. 66)

Caminar por la arena de **Playacar,** en Playa del Carmen, y visitar las ruinas mayas de entrada libre junto a la playa. (p. 94)

Dar un paseo nocturno hasta **Punta Coco,** en isla Holbox, para ver el mayor espectáculo gratuito de la isla: la bioluminiscencia de sus aguas. (p. 83)

Gozar de la oferta nocturna gratis de la Quinta Avenida y el **parque Los Fundadores** en Playa del Carmen: de danzas folclóricas a voladores. Es educado dejar propina. (p. 94)

Un paseo por el **centro de Cancún,** lleno de obras llamativas de artistas locales, brinda fotos de arte urbano asombroso. (p. 40)

Tres días perfectos

Hay que armarse de gafas de sol, bañador y espíritu aventurero, y prepararse para una dosis embriagadora de maravillas caribeñas, desde arrecifes de coral a imponentes ruinas mayas. Al anochecer, se remata el día con unas copas.

Quinta Avenida (p. 93), Playa del Carmen.

DESDE LA IZDA.: ARKADIJ SCHELL/SHUTTERSTOCK; JASON DECAIRES TAYLOR; MIKOLAJ NIEMCZEWSKI/SHUTTERSTOCK; SECKIN OZTURK/SHUTTERSTOCK;

▬ **PRIMER DÍA** ▬

Si solo se dispone de un día

MAÑANA

Arranca el día con una salida para bucear o hacer submarinismo en el **MUSA** (p. 50; foto; escultura de Jason deCaires Taylor), un arrecife artificial de obras de arte y esculturas evocadoras. Se almuerza en **Don's Tacos & Burritos** (p. 54) y se descansa en la playa.

TARDE

Al atardecer, se realiza un circuito a remo de **Go Kayak Cancún** (p. 53) por los manglares de la laguna de Nichupté. Es bonito y fácil, y, si hay suerte, se verán delfines, rayas, cocodrilos y una gran variedad de pájaros.

NOCHE

Se cena y se toman unas copas frente a la laguna en **El Fish Fritanga** (p. 54). Quien siga con ganas de fiesta, la encontrará en **Coco Bongo** (p. 55).

SEGUNDO DÍA

Un fin de semana

MAÑANA

Se recibe al sol con un paseo al alba hasta la hermosa **Punta Esmeralda** (p. 94), en Playa del Carmen. Se come algo rápido en **Chez Céline** (p. 96) y se toma el ferri a **Cozumel** (p. 123; foto).

TARDE

Se reserva una **excursión de buceo o submarinismo** (p. 126) por los coloridos arrecifes de la costa oeste de Cozumel. Se buscan tortugas marinas y demás fauna acuática, se saborea un almuerzo tardío y se echa la siesta en un **club de playa** (p. 134).

NOCHE

Se vuelve en barco a Playa del Carmen para pasear de noche por la animada **Quinta Avenida** (p. 93). Se cena en **La Cueva del Chango** (p. 96) y se toman unas copas en **La Bodeguita del Medio** (p. 97).

TERCER DÍA

Una escapada

MAÑANA

Se alquila una bici en Tulum para ir al **Parque del Jaguar** (p. 106) a ver ruinas mayas deslumbrantes, atalayas y playas preciosas. Se goza de una salida en bote al arrecife para hacer esnórquel.

TARDE

Se toma un bocado rápido en la ciudad antes de ir a un cenote, una de las pozas de agua turquesa en pleno bosque que dan fama a Yucatán. El **cenote Azul** (p. 90; foto) es tranquilo; en el **Parque Dos Ojos** (p. 90), más grande, se organizan salidas guiadas de esnórquel.

NOCHE

Se sale de compras por Tulum y se disfruta de una cena en **Casa Sofia** (p. 118), seguida de los mejores mojitos del mundo en **Batey** (p. 114).

Con más tiempo

Antes o después de la estancia en Cancún, hay que visitar la **isla Holbox** (p. 75), original punto de partida de los **circuitos para ver tiburones ballena** (p. 82) en temporada. Otra opción es ir en **kayak por los manglares** (p. 83), dejarse mimar en un **club de playa** (p. 84) o vadear el agua para broncearse en un banco de arena (p. 78). Si hace viento, se puede probar suerte con el **'kitesurf'** (p. 83).

De noche hay circuitos gastronómicos para probar tacos, espectáculos de fuego y **música en directo** (p. 85). Otra opción es relajarse en **Punta Coco** (p. 83), cóctel en mano, y contemplar las olas bioluminiscentes rompiendo en la orilla.

Tras la visita a la isla Holbox, hay que ver las grandes ciudades mayas antiguas de **Chichén Itzá** (p. 56).

Desde allí, se pone rumbo a la costa y se gira al sur hasta **Bacalar** (p. 98), un tranquilo asentamiento con vistas a una laguna. Se puede ir en barco, visitar el antiguo **fuerte español** (p. 98) o salir a remar de buena mañana. Como colofón, cena o copas en **La Playita** (p. 99), en el paseo marítimo.

Surf de remo en Bacalar (p. 98).

ROB RODRIGUEZ MARTINEZ/SHUTTERSTOCK

Una excursión

Tras subir al ferri en Cancún, hay unos 30 min hasta la pintoresca **isla Mujeres** (p. 63), de playas impresionantes y ambiente tranquilo. Una vez allí, se puede gandulear frente al mar en un sitio como el **Mayan Beach Club** (p. 73) de Playa Norte, por ejemplo. O hacer algo más activo y visitar **Punta Sur** (p. 67; foto), sede de un templo en ruinas y un precioso sendero por un acantilado; se puede ir en bici por el **paseo panorámico** (p. 68) que sale desde la terminal de ferris.

———————————————

A última hora de la tarde, se puede pasear, picar algo y ver tiendas en la **avenida Hidalgo** (p. 70) y acabar el día con una cena memorable en **Lola Valentina** (p. 72).

En un día de lluvia

Se dedica la mañana a los museos de Playa del Carmen sobre **Frida Kahlo** (p. 95) y al bocado predilecto de todo el mundo: el **chocolate** (p. 95). Se almuerza y se va a **Cozumel** (p. 123) en ferri (hay sitio de sobra). Desde el muelle, se recorren rápidamente tres manzanas (o se va en taxi) hasta el **Museo de Cozumel** (p. 132; foto), uno de los mejores de la región, volcado en la historia y la cultura maya, además de en la fauna y flora isleñas.

———————————————

Se termina el día con unas compras en **Los Cinco Soles** (p. 131), que vende artesanía extraordinaria de todo México.

Prepararse

ANTES DE PARTIR

Seis meses antes
En temporada alta
(dic-feb), el alojamiento
de lujo debe reservarse
con mucha antelación.

Un mes antes Reservar
en restaurantes selec-
tos, como **Hartwood**
(p. 118), en Tulum, o
Casitas (p. 54), junto
al mar en Cancún.

Una semana antes
Contratar salidas de
buceo y otras activi-
dades. Consultar la
previsión del tiempo.

Costumbres

**Si se recibe una invitación a una
casa,** hay que llevar algún detalle,
como unas flores, y llegar un poco
tarde (ser puntual es descortés).
**Tratar de "señor", "señora" o "seño-
rita",** sobre todo para pedir algo.
Antes de empezar a comer, lo
educado es desear "buen provecho".
Al saludar o al presentarse a alguien,
los mexicanos suelen estrecharse la
mano o besarse en la mejilla.

Ropa

Hace calor y hay humedad todo el año.
Se aconseja llevar tela ligera y transpi-
rable, y un sombrero de ala ancha.

La lluvia también amenaza todo el
año, pero las peores tormentas se dan
entre junio y octubre. Hay que llevar un
impermeable ligero.

Se recomienda calzado recio para
visitar las ruinas mayas, y escarpines
para ir a los cenotes y las playas
rocosas.

Conviene saber

Cenotes Los inconfundibles acciden-
tes geológicos de Yucatán son pozas
formadas por los efectos corrosivos
de la lluvia que se filtra por la piedra
caliza porosa. Tachonan el paisaje por
miles, y su agua cristalina brinda un
entorno precioso para nadar, hacer
esnórquel y, en algunos, submarinismo.

Sargazo Esta gran alga marrón puede
cubrir las playas de la costa caribeña
todo el año, pero entre abril y septiembre suele haber más microalgas. El
aumento de la temperatura del mar por
el cambio climático ha favorecido su
proliferación.

Nortes Estos fuertes vientos barren
el golfo de México y generan ráfagas
y temperaturas más frescas en toda la
costa. Se dan entre noviembre y abril,
y hacen las delicias de los amantes del
windsurf (pero reducen la visibilidad
para los submarinistas).

PROPINAS

Son esenciales para los camareros de restaurantes, cuyo sueldo depende de ellas.

15%

Restaurantes
si el servicio no
está incluido

Inusual

Bares
se agradecen

Inusual

Taxis
no se esperan

40-80 MXN

Personal de hotel
por día para el
personal de
limpieza

PRESUPUESTO DIARIO

Económico Menos de 1200 MXN

- Cama en dormitorio colectivo: **300-750 MXN**
- Habitación doble en hotel económico: **600-1200 MXN**
- Comida callejera o menú económico: **40-100 MXN**
- Alquiler de bicicleta por día: **150-250 MXN**

Medio Entre 1200-2500 MXN

- Habitación doble en un hotel confortable: **600-1500 MXN**
- Almuerzo o cena en un restaurante: **80-240 MXN**
- Trayecto breve en taxi: **35-80 MXN**
- Excursión en barco para bucear: **1000-1300 MXN**

Alto Más de 2500 MXN

- Habitación doble en hotel de lujo: **desde 2200 MXN**
- Cena en un restaurante selecto: **desde 600 MXN**
- Alquiler de coche con seguro básico: **desde 1000 MXN/día**
- Excursión de buceo con doble inmersión: **2200-2800 MXN**

Moneda
Peso mexicano
(MXN)

Idioma
Español, maya

Zona horaria
GMT/UTC -5.
Chichén Itzá:
GMT/UTC -6.

CONSEJO

En los arrecifes de coral y casi todos los cenotes está prohibido
utilizar protector solar (incluidas cremas "ecológicas" o
"respetuosas con el medio ambiente"). Se aconseja llevar
camiseta de manga larga para protegerse del sol.

19

📅 Cuándo ir

Cancún y la Riviera Maya son destinos para todo el año. Ofrecen escapadas a playas invitadoras y cenotes refrescantes cuando aprieta el calor, y animados festivales en cualquier época.

En Yucatán la temporada alta es de diciembre a abril, meses en que viajeros de EE UU y Europa invaden las playas entre Cancún y Tulum. Coincide más o menos con la estación seca, cuando la lluvia escasea y baja la temperatura.

Con la temporada de lluvias (jun-nov) llegan temperaturas más altas, provocando a veces grandes precipitaciones, pero entremedio abundan los cielos soleados. También es la época de los huracanes, que pueden causar tormentas devastadoras.

Grandes fiestas y celebraciones

Febrero El espíritu festivo del **Carnaval** cobra vida en Cancún, Cozumel, Bacalar, Playa del Carmen y en toda la costa. Los días previos al Miércoles de Ceniza hay desfiles, fiestas callejeras y alegría por doquier.

Abril Isla Mujeres acoge **Utopia** (p. 146), un festival LGTBIQ+ de cuatro noches con grandes DJ de todo el mundo en un entorno mágico. Además de sumarse a la fiesta nocturna, se puede participar en muchas actividades diurnas, como sesiones de yoga y bienestar.

Septiembre El **Día de la Independencia** de México se celebra la noche del 15 de septiembre con fuegos artificiales y festejos hasta altas horas de la noche. La fiesta nacional, con desfiles y festivales callejeros, es el 16.

Clima

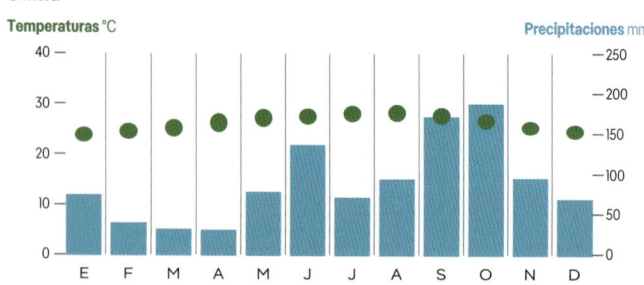

Temperaturas °C — Precipitaciones mm

Carnaval en Cancún.

Noviembre El 1 y 2 de noviembre brotan por doquier los coloridos altares del **Día de Muertos** para recordar a los seres queridos difuntos.

Fiestas regionales y festivales religiosos

Enero Tulum acoge grandes celebraciones. Una de las más famosas es el **Day Zero,** que acoge a DJ punteros con luces láser e instalaciones de arte monumentales en plena jungla.

Abril El 14 de abril, la isla Holbox rinde homenaje a **San Telmo,** patrón de los pescadores, con una procesión, puestos de comida y música en directo en la plaza principal.

Mayo En Cozumel, la **Fiesta del Cedral** (p. 135) recuerda a los refugiados de la Guerra de Castas, que se instalaron en la isla en 1848. Se celebra el tradicional baile de la cabeza de cochino.

Agosto En la punta sur, ni el tórrido calor estival estropea la **Feria Expo San Joaquín Bacalar.** Hay conciertos, cabalgatas, atracciones de feria, y comida y bebida en abundancia.

— **CONSEJOS SOBRE ALOJAMIENTO** —

Los precios más caros se dan entre mediados de diciembre y principios de enero, cuando se llegan a duplicar las tarifas. En mayo y junio y de septiembre a noviembre se encuentran ofertas y buen tiempo. Julio y agosto, en pleno verano, ofrecen precios muy baratos, pero hay más riesgo de huracanes.

✈ Cómo llegar

La puerta principal, el aeropuerto de Cancún, ofrece cajeros automáticos, cambio de moneda, tiendas, cafés y alquiler de coche. En la terminal hay una estación de autobuses de larga distancia de ADO.

Desde el aeropuerto a Cancún y alrededores

Taxi

Los taxis normales no pueden recoger en el aeropuerto. Si se llega sin reserva (nada recomendable), los servicios de transporte autorizado cobran 1500 MXN o más por llevar a la Zona Hotelera. Ir a Playa del Carmen sale por 1500 MXN, y a Tulum, por 2500 MXN; el autobús es más barato.

Autobús

Quien se aloje en el centro de Cancún, puede tomar un autobús de ADO (*ado.com.mx*) del aeropuerto a la terminal de autobuses del centro (*65 min, 140 MXN*) o a la Zona Hotelera, y parar en Plaza Fiesta (*45 min, 140 MXN*). Desde la terminal del aeropuerto también se

puede ir a otros destinos, con salidas frecuentes a Playa del Carmen (*2 h, 255 MXN*) y Tulum (*3 h, 430 MXN*).

Lanzadera

Para ir a la Zona Hotelera, se puede reservar una lanzadera privada o compartida a través del alojamiento, o mediante compañías como Happy Shuttle Cancún o USA Transfers (alias Canada Transfers), con precios entre 900 y 1100 MXN.

Tren

Una lanzadera gratuita comunica el aeropuerto con la estación del Tren Maya. De allí sale la línea que va al sur hasta Playa del Carmen, Tulum y Bacalar, y la interior a Chichén Itzá. Varios precios.

Otros puntos de entrada

Aeropuerto de Tulum

Está 40 km al suroeste de Tulum y tiene vuelos directos desde varias ciudades de México, EE UU y Canadá. Hay autobuses frecuentes de ADO a Tulum (*45 min, 220 MXN*) y Playa del Carmen (*1¾ h, 295 MXN*). Los taxis resultan caros (*desde 1300 MXN al centro de Tulum*).

Aeropuerto de Cozumel

Pequeño aeropuerto 2,5 km al noroeste del paseo marítimo del centro con varios vuelos diarios desde otras urbes mexicanas y EE UU. Se puede reservar una lanzadera (*desde 300 MXN*) o tomar un taxi (*desde 150 MXN*) frente a Diego's Tacos, una taquería a 500 m.

Cómo desplazarse

Yucatán tiene una buena red de transporte compuesta por autobuses, colectivos y una línea ferroviaria (inaugurada en el 2024). También hay muchas agencias de alquiler de coche. A veces, ir de un sitio a otro forma parte de la aventura, sobre todo cuando se viaja en ferri a las islas Mujeres, Holbox o Cozumel.

Autobús

En la península de Yucatán hay autobuses cómodos, frecuentes y a precio razonable entre los pueblos y ciudades más destacados. Casi todos los destinos tienen una estación principal de donde salen y llegan los autobuses de larga distancia. El Grupo ADO, la línea más conocida, ofrece muchas rutas por Yucatán y alrededores.

Colectivo

En gran parte de la península, hay furgonetas o coches que ofrecen transporte compartido entre ciudades y por la costa caribeña. Suelen salir cuando se llenan, más o menos cada 10 o 20 min. Lo malo es que suelen llenarse hasta la bandera y no son ideales si se lleva mucho equipaje. En general, se paga al bajar.

Tren

El Tren Maya es una vía de 1554 km con varias líneas que surcan la península: una baja desde Cancún por la costa caribeña (con parada en Playa del Carmen, Tulum y Bacalar). Otra cruza la península, continúa hacia el sur y para en **Chichén Itzá** (p. 56) y en varias ciudades al oeste. La web *www. trenmaya.gob.mex/index.php* ofrece mapas y horarios, así como

DESDE LA IZDA.: GEORGE WIRT/SHUTTERSTOCK; PHORTUN/SHUTTERSTOCK

'APP' ESENCIAL

En la *app* oficial del Tren Maya constan los horarios y se compran los billetes.

un enlace a la página de venta de billetes. *(reservas.ventaboletos trenmaya.com.mx).* En la actualidad solo se venden billetes con un máximo de dos semanas de antelación.

Ferri

Ferris frecuentes comunican las islas habitadas de la región. Desde Playa del Carmen, los de Ultramar y Winjet salen cada hora hacia Cozumel. Para ir a la isla Mujeres, hay ferris de Ultramar que salen desde Puerto Juárez en Cancún, y Xcaret Xailing lleva desde la Zona Hotelera. Holbox Express y 9 Hermanos operan los que van a Holbox; ambos zarpan desde el puerto de Chiquilá. Los billetes de todos los ferris se venden en línea o en el punto de partida.

Bicicleta

Hay varias ciudades con carriles-bici y locales de alquiler de bicicletas, un buen vehículo para llegar a algunas zonas. En Cancún, se pueden recorrer los 13 km de la **Ciclopista de Cancún** (p. 53) entre Coral Beach y Punta Nizuc. Playa del Carmen cuenta con la **Quinta Avenida** (p. 93), una calle peatonal excelente para ir a las playas del norte. En Tulum hay un carril que lleva al **Parque del Jaguar** (p. 106) y la playa, aunque, una vez en la carretera litoral, no hay carril separado para ir a la Zona Hotelera (hay que ir con mucho cuidado porque la carretera es estrecha).

Las islas Mujeres y Holbox también son estupendas para ir en bici.

Taxi y vehículo compartido

Hay taxis por todas partes. No suelen llevar taxímetro; conviene pactar el precio antes de subir. Suelen ser bastante caros, sobre todo en la Zona Hotelera de Cancún y en toda Tulum. Solo hay Uber y similares en Cancún (pero no en el aeropuerto).

Conducir en Cancún y la Riviera Maya

Puede ser estresante: carreteras atestadas, conductores impacientes y auténticos retos a la hora de aparcar, así como alquiler y combustible caros. Pero el coche da libertad para explorar playas y rincones fuera de las rutas marcadas.

Alquiler de coche

Antes de alquilarlo, hay que asegurarse de que el precio final incluye el seguro obligatorio. Muchas agencias de alquiler en línea lo excluyen, ya que puede alcanzar los 400 MXN diarios o más. Todo saldrá por unos 1000 MXN diarios, con descuentos a partir de una semana. Antes de firmar la exención de responsabilidad y partir, se aconseja inspeccionar y fotografiar el vehículo para evitar pagar por desperfectos ajenos.

Peligros y estado de la carretera

Las grandes carreteras suelen estar en buen estado, pero en las zonas rurales aguardan baches y vías estrechas. Hay que tener cuidado con los topes (badenes) de las zonas pobladas. Es mejor no conducir de noche; entre los posibles peligros se cuentan vehículos sin luces, rocas, peatones, bicicletas y animales en la carretera. Lo más sensato es conducir con precaución.

Combustible

El precio de la gasolina ronda los 25 MXN por litro. Las gasolineras no son de autoservicio. Antes de que atienda el operario, hay que comprobar que el contador esté a cero, pues un timo habitual es cobrar por más combustible del que se pone. No siempre se aceptan tarjetas de débito o crédito internacionales; llévese pesos.

PRECIOS

Billete de tren de Cancún a Tulum desde 467 MXN

Billete de ferri de Playa del Carmen a Cozumel 320 MXN

Colectivo de Playa del Carmen a Tulum 60 MXN

CAMINAR ES DE SABIOS

Muchas zonas se pueden visitar a pie, como Playa del Carmen, Tulum, San Miguel de Cozumel y el centro de Cancún.

A TENER EN CUENTA

Se conduce por la derecha.

El límite de velocidad suele ser de 40 km/h en zonas pobladas, 80 km/h en carreteras y 110 km/h en la autopista.

El límite de alcohol en sangre es de 0,6 g/l.

🎁 Otra cara de Cancún y la Riviera Maya

Aparte de playas de arena y mares azules, esta región ofrece un sinfín de joyas ocultas, desde original arte urbano hasta junglas llenas de fauna.

El lado oculto de Chichén Itzá

Más allá del gentío, **Chichén Itzá** (p. 56) tiene una zona despejada: **Chichén Viejo,** con 25 estructuras poco visitadas distribuidas en dos plazas. Se llega tras una buena caminata *(1,5 km)* desde Chichén. Solo se puede visitar viernes y sábados mediante circuitos guiados *(9.00 y 12.00)*. Hay un aforo limitado a 50 personas, así que conviene ir temprano; se puede reservar al comprar las entradas en el recinto principal.

Un arrecife solitario

Banco Chinchorro es uno de los mayores atolones de coral del hemisferio norte, famoso por sus impresionantes cañones y paredes de coral. Tiene una vida marina espectacular, abundante en rayas, tortugas, esponjas gigantes, meros, peces cirujano, morenas y tiburones nodriza. Se llega por Mahahual, un pueblo costero a 2¾ h en coche al sur de Tulum, donde hay buenos operadores de buceo, como Doctor Dive *(doctordive.com),* Amigos del Mar *(amigosdelmar.net)* y Mar Adentro *(maradentrodiving.com).*

Monos y tirolinas

Punta Laguna (p. 116) es una reserva protegida a cargo de una comunidad maya que ofrece actividades ecoturísticas. La visita arranca con una ceremonia de purificación con mucho incienso. Sigue una caminata guiada por el bosque para ver fauna, algo de piragüismo y las tirolinas, seguidos de un descenso al cenote Calaveras (hay que ir con mucho cuidado, a menos que uno quiera sacrificarse sin querer a los dioses mayas).

FUERA DE RUTA

Se pueden hacer tamales, beber chocolate maya y ver danzas folclóricas en **Pueblo de Maíz** (p. 135), Cozumel.

Admirar arte urbano puntero y descubrir a sus autores en el **Cancún Street Art Tour** (p. 42), a cargo de artistas.

Disfrutar del espectáculo nocturno de fuego y acrobacias con un cóctel o una cena en **Aldea Kuká** (p. 85), en la isla Holbox.

Bucear en las aguas cristalinas del **cenote Kapen-Ha** (p. 114), poco visitado y oculto junto a la carretera litoral de Tulum.

Tiburón nodriza, Banco Chinchorro.

Mono araña, Punta Laguna (p. 116).

Explora Cancún y la Riviera Maya

Salto a uno de los muchos cenotes de la Riviera Maya.
MARTIN CORR/SHUTTERSTOCK

Sugerencias de lugares para comer, beber y comprar en **p. 44**

Explora
Centro de Cancún

Fuera del resort aguarda una animada ciudad cosmopolita donde la gente vive, compra, trabaja, crea y se junta para hacer cosas. Algunos viajeros se quedan en el centro de Cancún porque el alojamiento es más barato, pero en los últimos años se ha convertido en un destino por derecho propio. Hay que dedicarle un día para disfrutar de la cultura mexicana urbana contemporánea, desde el *hip-hop* al arte callejero; saborear la cocina yucateca en sus puestos y restaurantes, y conocer a los cancunenses en su casa: en los parques, mercados y calles de su ciudad.

Cómo desplazarse

 Autobús

La R-1 y la R-2 son las líneas principales, y ambas conectan el centro con la Zona Hotelera. La R-1 recorre la avenida Tulum hasta la estación de autobuses de ADO y la terminal de ferris de Puerto Juárez. La R-2 lleva al Mercado 28. La R-27 va al sur por la avenida Tulum hasta la plaza Las Américas. El billete cuesta 12 MXN; el conductor suele dar cambio.

 **Autobús del aeropuerto**

Lleva a/desde la estación de ADO en el centro *(140 MXN)*.

 Taxi

Hay muchos taxis y son asequibles, al igual que los Uber. Los taxis normales no pueden recoger en el aeropuerto; hay que reservar transporte por adelantado para evitar el precio abusivo de los servicios del aeropuerto.

LO MEJOR

YACIMIENTO MAYA
El Meco (p. 42)

EXCURSIÓN
Isla Contoy (p. 36)

BAILE LATINO
La Coyota Cancún (p. 42)

CULTURA LOCAL
Parque de las Palapas
(p. 34)

TACOS
El Socio Naiz (p. 44)

El Meco (p. 42).

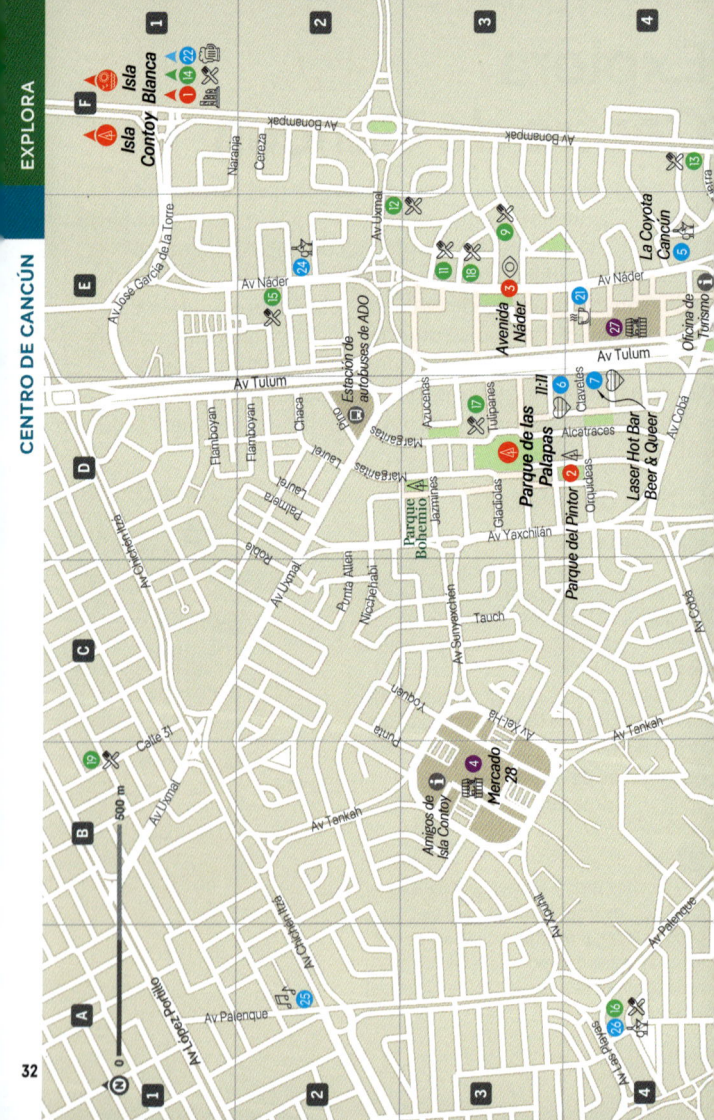

Isla
Contoy

Isla
Blanca

Av Bonampak

Av Bonampak

La Coyota
Cancún

Av Náder

Oficina de
Turismo

Av Tulum

Av Cobá

Avenida
Náder

Av José García de la Torre

Av Náder

Estación de
autobuses de ADO

Av Tulum

Parque de las
Palapas

Laser Hot Bar
Beer & Queer

Parque del Pintor

Parque
Bohemio

Av Yaxchilán

Av Uxmal

Av Chichén Itzá

Av Sunyaxchen

Av Tankah

Av Cobá

Mercado
28

Amigos de
Isla Contoy

Calle 31

Av Uxmal

Av Tankah

Av Palenque

Av Palenque

Av Las Torres

N

500 m

Más información

✖	Imprescindible	p. 34
✖	Experiencias	p. 42
✖	Comer	p. 44
✖	Beber	p. 45
✖	Comprar	p. 45

Av A Enriquez Savignac

Av Cobá

Plaza de Toros

Av Bonampak

Av Seryil

Av Seryil

Av Bonampak

Plaza Las Américas

Av Tulum

Av Tulum

Av Acanceh

Av Nichupté

Av Labná

Av Xpuhil

Av Xpuhil

Av Contoy

Av Contoy

Av Xpohil

Av Nizuc

Av Xcaret

Av Tankah

Av Yaxchilán

Av Palenque

Av Mayapan

Av Yaxchilán

Av Kabah

Av Kabah

Parque Kabah

Av del Bosque

Av Kabah

Av Xel-ha

Av Coba

La Costa

Nube

Cielo

Cielo

Tierra

Tierra

Mar

Fuego

Brisa

Nube

Lluvia

Lluvia

Agua

Agua

Viento

Viento

Jaleb

Tejón

Pecarí

Pecarí

★ **IMPRESCINDIBLE**

Parque de las Palapas

A los cancunenses les gusta la fiesta, y cada fin de semana montan una en el céntrico **parque de las Palapas.** De noche cobra vida, cuando los lugareños acuden a relajarse con la familia y los amigos. Es un rincón único de vida urbana local en una ciudad rebosante de turismo internacional.

PLANO: P. 32 **D3**

CONSEJO
La gente suele ir al parque de las Palapas hacia las 17.00 h, pero se llena entre las 20.00 y las 22.00 h, sobre todo los fines de semana.

Escanea este código QR para información sobre eventos y actividades.

Comida callejera

Este parque es uno de los mejores sitios de Cancún para probar la comida callejera (foto), pues tiene decenas de puestos de tacos, quesadillas y gorditas (gruesas tortillas de maíz rellenas). Entre los clásicos yucatecas se cuentan los panuchos y los salbutes (ambos similares a los tacos, pero de tortillas más gruesas), así como las quesadillas fritas. Los puestos permanentes del norte abren todo el día; de noche se montan otros con postres tradicionales. Es el lugar ideal para probar la especialidad yucateca, las marquesitas (crepes crujientes rellenas de ingredientes al gusto, como Nutella o queso edam).

Ocio

Los fines de semana la gente acude en masa a ver los espectáculos gratuitos del parque, que suele ofrecer danza y música en directo en el escenario principal, situado en una palapa de techo alto. Además, la diversión infantil es casi ilimitada: camas elásticas, coches eléctricos, tiovivo, payasos, malabaristas y mucho más. Por cierto, los números de payasos no son solo para niños.

El parque es además el centro neurálgico de festivales y días festivos. En el **Carnaval de Can-**

IRINA BRESTER/ALAMY STOCK PHOTO

cún acoge conciertos, bailes y cabalgatas. El **Día de Muertos,** los cancunenses llenan el parque de altares en honor a los difuntos, así como a famosos y figuras históricas. Los festejos se acompañan de música, procesiones y pintura facial.

Mercado de artesanía

En el sur de la plaza hay un mercado de artesanía de todo México. A diferencia de los otros mercados de la ciudad, este es pequeño pero muy cuidado, y vende ropa, joyas, arte y objetos de madera originales hechos por artesanos de la zona y de todo el país.

Una manzana al norte hay más puestos artesanales en el **parque Bohemio.**

UNA PAUSA
En el parque de las Palapas hay puestos de comida por doquier, así que no es difícil encontrar algo que picar.

Isla Contoy

Esta **isla** espectacular es una reserva y parque nacional deshabitado que se visita fácilmente en una excursión de un día desde Cancún. Con 800 m en la parte más ancha y más de 8,5 km de largo, su espeso follaje ofrece refugio a más de 170 especies de aves, como pelícanos, cormoranes oliváceos, pavos, piqueros pardos y rabihorcados.

PLANO: P. 32 **F1**

CONSEJO
Los circuitos pueden reservarse con Asterix (*contoytours.com; adultos/niños 129/109 US$*) o Isla Contoy Experience (*islacontoy experience.com; adultos/niños 139/109 US$*).

Escanea este código QR para más información sobre el entorno natural de la isla Contoy.

Paraíso en una isla tropical

La isla Contoy brinda una de las excursiones más populares desde Cancún. Es un parque nacional y una reserva de aves en el extremo norte de la península de Yucatán, punto de encuentro entre el golfo de México y el mar Caribe. A fin de proteger el parque, la entrada se limita a 200 personas diarias y solo en circuitos. Los visitantes pasan casi todo el tiempo en la preciosa playa de palmeras, chapoteando en su agua templada y cristalina. También se puede caminar por un sendero entre manglares y escalar hasta un mirador para admirar la isla.

Se aconseja llevar prismáticos y toalla de playa. Está prohibido entrar a la isla con repelente de insectos, crema solar y botellas de plástico (hay que dejarlos en el barco).

Refugio de fauna

La isla Contoy da cobijo a más de 170 especies de aves, por lo que se ha ganado el sobrenombre de "isla de los pájaros". Los más comunes son los pelícanos pardos y los rabihorcados, pero también hay flamencos rojos (en temporada), piqueros pardos, garcitas blancas y muchos más. En sus aguas someras se ven rayas y estrellas, y en los manglares y lagunas hay iguanas, serpientes y cocodrilos. En

ARKADIJ SCHELL/SHUTTERSTOCK

Contoy anidan cuatro especies de tortuga marina,
pero, al carecer de agua dulce, no hay mamíferos,
lo cual beneficia la proliferación de pájaros y otros
animales.

Crucero caribeño
Las excursiones a la isla Contoy consisten en una
travesía de 2 h por aguas azules con la posibilidad
de ver delfines. Casi todas incluyen una parada
para bucear a la ida y otra a la vuelta para comprar
en isla Mujeres. Los propensos al mareo deberían
llevar remedios al respecto.

En el barco suele haber un ambiente fiestero,
con bar y música a todo volumen, pero la isla es un
remanso de paz.

UNA PAUSA
Los circuitos
incluyen fruta
y bebidas en el
barco —que tiene
bar—, así como
un almuerzo tipo
bufé que se sirve
en la isla.

Isla Blanca

Primero hay que saber que **Isla Blanca** no es una isla, sino una península que se extiende al norte desde Cancún a lo largo de unos 25 km. Al final de la carretera, apenas es una franja de arena entre una laguna poco profunda y el azul caribeño. La playa está milagrosamente intacta.

PLANO: P. 32 **F1**

CONSEJO

Se recomienda viajar en coche; es lento, pero brinda la oportunidad de empaparse del paisaje. Cuidado con las fuertes corrientes submarinas al nadar.

Un día en la playa

Los fines de semana soleados y las semanas de vacaciones, los lugareños llegan en coche desde Cancún para hacer pícnics en familia, hogueras en la playa, pasear por la costa y disfrutar del sol y el agua. Fuera de eso, Isla Blanca está casi desierta; quizá sea la única ocasión de estar a solas junto al mar en toda la costa caribeña de Yucatán. Hay que llevarse bebida, comida y equipo de playa, pues no suele haber servicios (aparte de algún vendedor de cocos frescos).

'Kitesurf'

Puede que la playa de Isla Blanca esté desierta, pero la laguna del lado oeste suele estar llena, al menos de noviembre a mayo. Eso se debe a que en esa época los vientos soplan sin parar y atraen a los amantes del *kitesurf*. Las condiciones son excelentes para aficionados de todos los niveles, pero sobre todo para principiantes. La laguna Chacmuchuch, sin olas y aguas poco profundas, es ideal para aprender y practicar trucos.

Isla Blanca tiene varias escuelas de *kitesurf*, entre ellas **Icarus Kite Centre** (*kiteboardmexico. com*) y **Kitesurf Mexico** (*kitesurfmexico.com*),

ARTURO VEREA/SHUTTERSTOCK

dos operadores veteranos que ofrecen clases y equipo de la máxima calidad, y además sienten pasión por este deporte.

Cómo llegar

Hay que ir todo recto por la carretera de Costa Mujeres; los últimos 5 km son de tierra y están en mal estado. Si no se dispone de coche, se puede ir en taxi, pero hay que reservarlo con antelación, pues no hay cobertura en la zona. Otra opción es tomar el colectivo rojo, un pequeño autobús que sale tres veces diarias desde La Crucera, en Cancún (7.00, 11.00 y 16.00). Desde Isla Blanca, el último sale hacia las 16.40. Quien lo pierda tendrá que dormir sobre la arena.

UNA PAUSA
En la playa hay una palapa que vende bebidas y tentempiés, pero no siempre está abierta. Es aconsejable llevarse provisiones para un pícnic (y mucha agua).

Un paseo por el centro

Este paseo ofrece un vistazo a la rica vida cultural de Cancún. El centro es el sitio donde los cancunenses viven, trabajan y se divierten, donde plazas y parques se llenan de vecinos, y coloridos murales y monumentos evocadores adornan cada esquina.

INICIO	FINAL	DURACIÓN
Parque de las Palapas	Avenida Náder	1 km; 1 h

1 **Centro neurálgico**

El **parque de las Palapas,** tranquilo de día y bullicioso de noche, es el punto de reunión más animado de la ciudad, un sitio popular para disfrutar de comida callejera, ocio gratuito y celebraciones culturales. En la calle 5 Alcatraces aguardan murales fantásticos, como los de la artista colombiana Ledania.

2 **Arte en el parque**

Un paseo de una manzana al sur lleva al pequeño **parque del Pintor,** lleno de llamativos murales. Recientemente acogió las obras maestras de los gemelos cancunenses Happyone y Twinone.

3 **Pasaje artístico**

En el lado norte de la plaza está el estrecho **Andador Frida Kahlo,** un pasaje adornado con luces y murales. El más grande es el que representa a la pintora que le da nombre. Otros tratan temas y estilos inspirados en ella.

4 **Calles festivas**

De vuelta en el parque de las Palapas, se va paseando al este por los **Tulipanes,** unas coloridas calles peatonales que llevan fuera del parque. Tienen banderas ondeando al viento y otros adornos peculiares, y están repletas de heladerías y taquerías, por lo que son un sitio encantador para picar algo y ver el mundo pasar.

5 **Centro de la ciudad**

Al cruzar la avenida Tulum, se llega al **Palacio Municipal** (ayuntamiento), que preside una gran plaza. Allí se alza un monumento a Benito Juárez, que fue el primer presidente indígena de México de 1858 a 1872. Otra estatua conmemora a Roberto Gómez Bolaños, alias Chespirito, un actor y comediante mexicano muy querido en Latinoamérica. También hay unas letras con el nombre del municipio.

6 **Jungla urbana**

Al rodear el Palacio Municipal, el viajero hallará un **parque boscoso,** un retiro verde a la sombra en medio de una ciudad ruidosa donde reina el calor, y más paredes pintadas.

7 **Comida callejera**

Se ha llegado a la **avenida Náder,** uno de los mejores sitios del centro para cenar o tomar unas copas. Sus dos aceras están repletas de tentadores restaurantes.

8 **Muralismo**

Se baja por el oeste de la calle para descubrir unos **murales fascinantes,** muchos sobre temas medioambientales. En la calleja cerca del Café Nader, se verá *Xik'nal,* una obra impresionante del muralista cancunense Crea, así como *Bendita Vida,* un inspirador mural de Senkoe que combina varias texturas. Más al sur hay murales de artistas de renombre nacional, como Gonzalo Areuz y Farid Rueda. 41

EXPERIENCIAS

Explorar la historia maya de la ciudad
RUINAS

PLANO: ❶ P. 32 **F1**

A excepción de Tulum, los yacimientos mayas del litoral son menos conocidos y singulares que los del interior. Con todo, en la costa caribeña hubo muchos asentamientos mayas dedicados al comercio marítimo y la pesca, sobre todo en el periodo posclásico (entre 1200 y 1500 d.C. aprox.). En la propia ciudad hay varios yacimientos arqueológicos abiertos al público.

El más impresionante es **El Meco** (*inah.gob.mx; 75 MXN*), situado unos 4 km al norte del centro. Su pieza principal es **El Castillo,** la pirámide más alta (12,5 m) del Yucatán nororiental. Hay otros edificios residenciales igualmente interesantes que conservan algún que otro adorno arquitectónico. Si no se tiene vehículo propio, se puede ir en taxi o tomar un colectivo en La Crucera (el centro) para Punta Sam.

En la **Zona Hotelera** (p. 52) hay otros yacimientos y también el **Museo Maya** (p. 52), repleto de piezas asombrosas de toda la península.

Murales fabulosos
ARTE URBANO

En la década de 1920, el nuevo Gobierno empezó a encargar obras de arte que recrearan acontecimientos históricos, celebraran el legado cultural y fomentaran el orgullo nacional. El género por excelencia fueron los grandes murales. Así nació el muralismo mexicano, un movimiento abanderado por artistas como Diego Rivera y José Clemente Orozco.

Hoy los murales siguen siendo un rasgo insigne de la cultura urbana del país, y Cancún no es ninguna excepción. En el s. xxi, decenas de artistas han decorado las fachadas de edificios del centro, entre ellos Gonzalo Areuz y Farid Rueda.

Mientras se recorre la ciudad, hay que caminar atentos para ver obras de arte fabulosas, sobre todo en las calles que rodean el **parque de las Palapas** (p. 34) y los vecinos **parque del Pintor** (PLANO: ❷ P. 32 **D4**) y **parque Bohemio** (p. 35). También hay piezas llamativas en el lado oeste de la **avenida Náder** (PLANO: ❸ P. 32 **E3**). Para conocerlas mejor, se aconseja contratar el excelente **Cancún Street Art Tour** (*cityarttoursmexico.com; 900 MXN*), cuyos guías son artistas locales que ofrecen explicaciones fascinantes de las obras y del papel del arte urbano en la cultura mexicana.

Bailar toda la noche al estilo latino
BAR

PLANO: ❺ P. 32 **E4**

Quien quiera divertirse, pero no pueda con las locas discotecas de la Zona Hotelera, debe ir a **La Coyota Cancún,** en el centro. Este restaurante mexicano y mezcalería sensacional es la meca del baile latino, en especial de salsa y bachata. La música empieza cada noche hacia las 22.00. Los martes y jueves hay clases gratis que empiezan 1 h antes.

De fiesta 'queer' por Cancún BAR

Cancún tiene una vida nocturna desenfrenada, y su lado LGTBIQ+ no se queda atrás. La discoteca gay más veterana es **11:11** (PLANO: **6** P. 32 **D3**), que ofrece espectáculos *drag, burlesque* y noches de baile, además de cócteles y cerveza a buen precio. El cercano **Laser Hot Bar Beer & Queer** (PLANO: **7** P. 32 **D4**) hace las delicias del público con números *drag*, karaoke y un original espectáculo de láser. Los dos locales abren a partir de las 22.00 *(mi-do)*. Basta con seguir los pasos de cebra con los colores del arcoíris.

Cancún es bastante abierto con las parejas homosexuales incluso fuera del "circuito" gay. Por lo general, ni viajeros ni lugareños se escandalizan ante las muestras de afecto entre personas del mismo sexo.

Un parque muy salvaje PARQUE

PLANO: **8** P. 32 **B8**

El **parque Kabah,** pasión por igual de amantes de la naturaleza y del deporte, es un insólito rincón

COMPRAR COMO SI NO HUBIERA UN MAÑANA

Hay que buscar la bolsa de la compra y dirigirse al **Mercado 28** (PLANO: **4** P. 32 **B3**), un mercado cubierto con la mejor selección de artesanía y recuerdos mexicanos.

Es el mercado turístico más grande de Cancún, con cientos de puestos que venden de todo, desde exquisita artesanía a baratijas. Hamacas, sombreros, ropa, telas, cerámica y plata, además de camisetas y tequila. Conviene mirar antes de comprar, pues muchos puestos venden las mismas mercancías. No se indican los precios; hay que ir preparado para regatear.

Acabadas las compras (y abierto el apetito), aguarda una de las mejores selecciones de comida callejera de Cancún.

verde y frondoso en pleno corazón del centro. Un camino de tierra de 1,9 km recorre su denso bosque y atrae a corredores, paseantes y observadores de aves. Los deportistas se ejercitan en el gimnasio al aire libre y los niños juegan en la espléndida zona infantil. Se vaya a lo que se vaya, no hay que perderse su fauna urbana, que incluye pájaros, coatíes y hasta monos.

Lo mejor para...

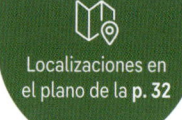

Localizaciones en el plano de la p. 32

$** Económico **$$** Medio **$$$ Alto

Comer

Desayuno

Rooster $$
9 E3

Precioso restaurante ideal a cualquier hora, pero sobre todo a la del desayuno. Sirve irresistibles platos a base de huevos y zumos de fruta fresca. *7.00-9.00*

Marakame Café $$
10 D8

Un fantástico bufé de desayuno a un precio razonable con barra libre de mimosas. ¡No, no es un sueño! *8.00-1.00*

Comida internacional

El Tigre y El Toro $$
11 E3

Para deleitarse con rica *pizza* de masa fina y pasta casera en un romántico patio a la luz de las velas en la avenida Náder. *18.00-0.30 lu-sa, hasta 23.30 do*

La Fonda del Zancudo $$
12 E2

Merece la pena el trayecto solo por su bonito patio iluminado con luces y farolillos. Sirve una mezcla ecléctica de *pizzas,* pasta y otros platos. *17.00-24.00 lu-sa*

Peter's Restaurante $$$
13 F4

Su sencillo interior oculta la cocina de fusión deliciosa y sofisticada del chef Peter Houben. Servicio impecable. *18.00-21.30 ma-sa*

Pescado y marisco

Kiosco Verde $$
14 F1

Fabuloso pescado y marisco fresco en un popular restaurante que nació en 1974, poco después de la fundación de Cancún, en forma de colmado y pescadería. *12.30-20.00 mi-lu*

El Pescado Ciego $$
véase **11** E3

Carta selecta con tacos, pasta y parrilladas —no solo de pescado— en un agradable local de la avenida Náder. *14.00-23.00*

Puerto Santo $$$
véase **14** F1

Los comensales elogian el soberbio servicio y las originales combinaciones de este restaurante frente al mar cerca de la terminal de ferris de Puerto Juárez. *12.00-24.00*

Tacos

Taquería Coapeñitos $
15 E2

Apuesta segura de tacos y bebidas gracias a su cálida hospitalidad y sabor auténtico. El taco de bistec y chorizo se lleva la palma. *10.00-1.00*

Tacos Rigo $
16 A4

Tras tres décadas como favorito local, es célebre por su ambiente festivo y sus tacos al pastor (de cerdo asado al espetón). Cerca del Mercado 28. *8.00-24.00*

Gory Tacos $
17 D3

Alegre puesto a unos pasos del parque de las Palapas. Los viajeros alaban sus tacos de pescado y amable servicio. *11.00-23.00*

El Socio Naiz $$
18 E3

Taquería deliciosamente sofisticada con comedor al aire libre. Sirve tacos tan excelentes como originales (incluidos vegetarianos). *14.00-23.00 do-ma, hasta 24.00 mi-sa*

Yucateca

Lonchería El Pocito ❸❸
 B1

Restaurante con ventiladores en una palapa. Ofrece una carta de especialidades regionales que cambia a diario y es ideal para probar la cochinita pibil (cerdo asado a fuego lento). *8.00-20.00 mi-lu*

Tuch Cantina Yucateca ❸❸
20 **F7**

Restaurante con estilo y una nutrida carta de clásicos regionales, como el pavo en relleno negro y el *poc chuk* (cerdo marinado asado). *13.00-1.00 do-mi, hasta 2.00 ju-sa*

Beber

Café

Onesto Café
21 **E4**

Cafetería hípster con terraza, buena música y café selecto. *9.00-19.00 lu-sa*

Cerveza

Puerto Juárez Brewery
22 **F1**

Cervecería tranquila en pleno corazón del centro con rubias, tostadas y una negra de avena. *15.00-21.30 ma-sa*

El Estadio Cervecería
 A6

Estupendas cervezas artesanales de barril, música en directo, micheladas (cerveza con zumo de tomate) y deporte en pantalla. *16.00-3.00 lu-ju, desde 13.00 vi-do*

Diversión asegurada

Mumma Rooftop
24 **E2**

Billar, copas y música con vistas al centro en el Nomads Rooftop. *11.00-2.00*

Mora Mora
25 **A2**

Local alternativo forrado de murales con conciertos de *hip-hop, punk* y metal. *17.00-1.00 lu-sa*

Tiki Mug
26 **A4**

Bar de ambiente tropical con algo para todo el mundo, desde cócteles a cachimbas y deporte en su gran pantalla. *17.00-2.00*

Comprar

Mercados

Mercado 28
véase **4** **B3**

Uno de los mayores mercados de recuerdos de la ciudad, con cientos de puestos de camisetas, artículos de piel, artesanía y tequila. Se suele regatear y los precios son más bajos que en la Zona Hotelera.

Mercado Municipal Ki-Huic
27 **E4**

Pequeño laberinto de puestos y tiendas en la avenida Tulum. Amplio surtido de recuerdos y artesanía, y ambiente (relativamente) relajado.

Centros comerciales

Puerto Cancún Marina Town Center
28 **F5**

Centro comercial al aire libre con muchas tiendas, restaurantes, un cine IMAX y amplias vistas de la Zona Hotelera. Es todo muy elegante, pero no está pensado para los turistas ni se atosiga al cliente.

Plaza Las Américas
29 **E7**

Enorme centro comercial moderno con grandes almacenes, un cine multisalas y zona de restauración.

Sugerencias
de lugares para
comer, beber
y comprar en
p. 54

Explora
Zona Hotelera

La playa de la Zona Hotelera es la joya de Cancún, así que resulta comprensible que alguien quiera pasarse las vacaciones retozando sobre su espléndida arena fina. En sus aguas se puede hacer esnórquel y submarinismo, incluso en un museo de esculturas subacuático. Los resorts de playa ofrecen piscinas espectaculares, comida deliciosa y opciones de ocio sin moverse del sitio, por lo que no hay necesidad de salir. No obstante, esto no se recomienda en absoluto. Los viajeros curiosos de la Zona Hotelera también podrán descubrir su rica historia maya, cocina diversa, ocio y vida nocturna fabulosos, así como un sinfín de actividades dentro y fuera del agua.

Cómo desplazarse

 **Autobús**

El R1 y el R2 son prácticos para moverse por la Zona Hotelera. Ambos recorren el bulevar Kukulcán y siguen hasta el centro. El billete cuesta 12 MXN.

Transporte a/desde el aeropuerto

El autobús de ADO circula entre las terminales del aeropuerto y la plaza Fiesta, en la Zona Hotelera *(140 MXN)*. También se puede contratar con antelación un transporte privado o una lanzadera compartida para evitar el precio abusivo de los servicios del aeropuerto. Los taxis normales no pueden recoger allí.

Playa Delfines (p. 52).
BRUNO_DOINEL/SHUTTERSTOCK

LO MEJOR

PLAYA
Playa Delfines (p. 52)

CHIRINGUITO
Tribu Beach Club (p. 55)

AVENTURA SUBMARINA
Museo Subacuático
de Arte (p. 50)

MARISCO
Fred's Seafood & Raw Bar
(p. 55)

PASEO EN BICI
Ciclopista de Cancún
(p. 53)

Más información

- ⭐ Imprescindible   p. 50
- 🎯 Experiencias   p. 52
- 🍴 Comer   p. 54
- 🍺 Beber   p. 55
- 🛍 Comprar   p. 55

MAR CARIBE

Playa Chac Mool

Yamil Lu'um

Playa Martín

Laguna Bojórquez

Laguna de Nichupté

Kianah's Sportfishing

Playa Tortugas

Blvd Kukulcán

Bahía de Mujeres

Ferri a isla Mujeres

Playa Pez Volador

Playa Langosta

Go Kayak Cancún

ZONA HOTELERA

Puente Nichupté (en construcción)

Laguna de Nichupté

SUP Cancún

Playa Linda

Ciclopista de Cancún

Elite Cyclery · The Big Store

Av Tulum

Av Bonampak

CANCÍN

Laguna del Amor

Véase ampliación

ZONA HOTELERA

Blvd Kukulcán

0 — 2 km

Punta Cancún

Playa Gaviota Azul ④

ZONA HOTELERA

Ferri a Isla Mujeres

Bahía de Mujeres

Playa Gaviota Azul

③③
③⓪
③① ②⑨
③②
Playa Gaviota Azul

Playa Caracol

Plaza Caracol

⑰
①③
③
Playa Chac Mool

360 Surf School

Laguna Bojórquez

La Isla

⑲

500 m
0

Museo Maya
⑧ San Miguelito
Playa San Miguelito
⑨

Tequila Tasting Experience
⑯ ㉓
②⓪

Blvd Kukulcán

① Playa Delfines

La Isla

Zona Arqueológica El Rey ⑦

⑱ ②①

Blvd Kukulcán

Museo Subacuático de Arte

Punta Nizuc

Blvd Kukulcán

Laguna Cabra

Laguna Río Inglés

Museo Subacuático de Arte

En el 2009, el Gobierno de México lanzó un proyecto creativo para proteger los arrecifes de Cancún y, al mismo tiempo, ofrecer a los viajeros una experiencia acuática incomparable. El **Museo Subacuático de Arte,** más conocido como MUSA, es una de las mayores sedes artísticas subacuáticas del mundo.

PLANO: P. 48 **C8**

CONSEJO

El parque marino cobra una tasa de 10 US$ que no suele incluirse en el precio de la salida de buceo o submarinismo.

Escanea este código QR para más información general y sobre los circuitos.

Arrecifes artificiales

El museo contiene unas 500 esculturas de hormigón instaladas sobre el lecho marino. No son solo obras de arte, sino también arrecifes artificiales que albergan algas, coral, peces y otros animales marinos. Las esculturas son curiosas, pero aún es más asombroso ver cómo las ha transformado el entorno mientras crece el coral y lo puebla la fauna.

Lo mejor de todo es que las estatuas permiten bucear y hacer submarinismo lejos del frágil coral, lo que contribuye a la recuperación de los arrecifes tras décadas de explotación. Al ser de hormigón marino con pH neutro, son inocuas para la fauna y acogen peces y otros animales marinos.

Buceo y submarinismo

El MUSA tiene exposiciones en tres sedes. Una salida de submarinismo lleva al **arrecife Manchones,** cerca de isla Mujeres, donde las esculturas están a unos 10 m de profundidad (foto; estatuas submarinas de Jason deCaires Taylor). Casi todas las excursiones incluyen una segunda inmersión en el propio arrecife. Dada la escasa profundidad del Manchones, en el MUSA se puede bucear sin certificado. Para ese "bautizo de resort", basta

EXPLORA

ZONA HOTELERA

JASON DECAIRES TAYLOR

aprender lo básico en una sesión de 1 h el mismo día. **Solo Buceo** *(solobuceo.com; 110-135 US$)* y **Scuba Cancún** *(scubacancun.com.mx; 110-135 US$)* son buenos operadores.

Los aficionados al esnórquel verán las estatuas del Manchones desde arriba. Otras salidas de buceo van a **Punta Nizuc,** una exposición menor del MUSA a solo 4 m de profundidad. Hay muchos operadores de esnórquel, como **Aquaworld** *(aquaworld.com.mx; 58 US$).*

Barcos con fondo de cristal

Quien no quiera mojarse, puede ver las esculturas de Punta Nizuc desde un cómodo **barco con fondo de cristal** *(58 US$).* Además del museo, la excursión incluye una travesía por los manglares y la laguna de Nizuc.

UNA PAUSA
En el puerto deportivo y el hotel cerca de Solo Buceo y Scuba Cancún, hay invitadores cafés junto a la laguna. Si se bucea con Aquaworld, se puede almorzar en **Don's Tacos & Burritos** (p. 54).

Con los pies en la arena   PLAYA

Las playas de Cancún están abiertas a todos. Como la costa es pública, los hoteles y resorts no pueden prohibir a nadie que chapotee en el agua o retoce en la arena. Sin embargo, muy pocas zonas de acceso público y aún menos playas ofrecen servicios como lavabos o sombrillas.

Una de las mejores es la **playa Delfines** (PLANO: **1** P. 48 **C6**), una playa ancha y preciosa en el km 17,5 con aguas seductoras de múltiples tonos azules. Se aconseja llegar temprano para encontrar sitio en el aparcamiento gratuito y palapas gratis. Hay que llevarse el pícnic, pues no hay comida ni bebida.

Más al norte, en el km 13, la **playa Marlín** (PLANO: **2** P. 48 **D4**) tiene arena fina y es ideal para que los niños jueguen en sus aguas claras y templadas. Alquila tumbonas y sombrillas, pero hay que llevarse la comida.

En el km 9,5, la hermosa **playa Chac Mool** (PLANO: **3** P. 48 **D8**) suele estar vacía (a diferencia de la vecina **playa Gaviota Azul** (PLANO: **4** P. 48 **F7**). Se alquilan sombrillas.

Otra opción es la **playa Langosta** (PLANO: **5** P. 48 **C1**), llamada "la mejor de la 7". Está en el norte, tiene muchos chiringuitos cerca, y su agua tranquila y poco profunda es ideal para nadar.

Ruinas mayas en plena ciudad
YACIMIENTO ARQUEOLÓGICO

El bulevar Kukulcán tiene más ruinas mayas aparte de San Miguelito.

Unas están en **Yamil Lu'um** (PLANO: **6** P. 48 **D3**), encaramado a un cerro junto a la playa, y en teoría en el punto más alto de la costa urbana. Alberga el templo del Alacrán, todo un superviviente embutido entre los hoteles Park Royal y Westin Lagunamar, en el km 12,5. Se accede por cualquiera de los dos.

En el km 18 del bulevar Kukulcán está la **Zona Arqueológica El Rey** (PLANO: **7** P. 48 **C6**; *inah.gob.mx; 75 MXN*), que debe su nombre a una escultura hallada en el recinto. Representa a un noble, probablemente un rey, que lleva un fastuoso tocado. El lugar contiene un templo pequeño y varios altares ceremoniales.

Un tesoro arqueológico   MUSEO

Después de visitar las ruinas, hay que ir al excelente **Museo Maya** (PLANO: **8** P. 48 **C6**; *inah.gob.mx; 100 MXN*), que expone piezas halladas en este y otros yacimientos. Guarda centenares de objetos, entre ellos joyas de fina factura, sobre todo piezas de jade y obsidiana, cerámica elaborada, mucha piedra esculpida y glifos.

Con la entrada al museo se puede visitar **San Miguelito** (PLANO: **9** P. 48 **C6**), un yacimiento menor contiguo con un camino a la sombra que serpentea por un palacio con columnas, una pirámide de 8 m de altura y casas en ruinas.

En bici a la playa CICLISMO

La **Ciclopista de Cancún** (PLANO: 10 P. 48 **B1**), un carril ancho, llano y más o menos en buen estado, recorre 13 km por el bulevar Kukulcán, desde Coral Beach, en el norte, hasta Punta Nizuc, en el sur. Discurre junto a la carretera, no por la costa, así que no es tan bonito como cabría esperar, pero los ciclistas (y los peatones) gozan de su abundante sombra, breves atisbos del mar y alguna iguana. Y, por supuesto, el gran Caribe azul siempre responde cuando uno quiere refrescarse. Muchos resorts tienen bicicletas a disposición de los clientes; también pueden alquilarse en **Elite Cyclery – The Big Store** (PLANO: 11 P. 48 **A1**), cerca de plaza Las Américas, en el centro.

El mágico elixir de México DESTILERÍA

PLANO: 16 P. 48 **C5**

En México hay ocasiones de sobra para probar el tequila. Pero quien quiera ilustrarse sobre esta bebida debe apuntarse a la **Tequila Tasting Experience,** que brinda la ocasión de probar siete tequilas artesanales y aprenderlo todo sobre su proceso de destilación y fermentación. Al acabar, se conocerá y apreciará mucho mejor el licor nacional de México.

AVENTURAS ACUÁTICAS

Go Kayak Cancún

PLANO: 12 P. 48 **C2**

Circuito en kayak por la mañana o al anochecer para descubrir las aves, la fauna y la magia de los manglares de la laguna Nichupté.

360 Surf School

PLANO: 13 P. 48 **D8**

Reputada escuela de surf en la playa Chac Mool. Si no se acaba surfeando, la clase sale gratis. O eso garantiza.

SUP Cancún

PLANO: 14 P. 48 **B1**

Todo para el surf de remo, incluidos circuitos, alquiler de equipo, clases y yoga sobre tablas. En el Hotel Imperial Las Perlas.

Kianah's Sportfishing

PLANO: 15 P. 48 **C2**

Uno de muchos operadores que ofrecen salidas de pesca en alta mar en busca de peces vela, atunes, peces limón, barracudas, peces ballesta, etc.

La "experiencia" básica de 30 min lleva a un muelle con vistas a la laguna. Entre las opciones más selectas, se cuenta una salida en barco o una comida en un restaurante local.

Lo mejor para...

$** Económico **$$** Medio **$$$ Alto

Comer

Económica

La Bamba **$**

 D8

¡La Bamba es la bomba! Este discreto lugar desata pasiones por su "pescado y marisco mexicano", en especial por los camarones al coco y la tostada de atún. *12.00-19.30 do-ju, hasta 21.30 vi y sa*

El Galeón del Caribe **$**

18 C7

Cocina local en la punta sur de la Zona Hotelera con una breve carta de ceviche, pescado frito y cócteles. *12.00-19.00*

Mr Gory **$**

19 D6

El restaurante más acogedor de Cancún, genial para desayunar o almorzar sin florituras pero con mucho amor. *7.00-17.00*

Mexicana

Don's Tacos & Burritos **$**

20 C5

Modesto puesto de tacos junto a la carretera en la Zona Hotelera. Sirve tacos soberbios y bebidas cargadas en una palapa. *10.30-21.00*

Surfin' Burrito **$$**

véase **D8**

Pequeño local de ambiente surfero que sirve burritos al gusto, con muchos ingredientes vegetarianos y veganos. *8.00-1.00*

Navíos Mexican Fusion **$$$**

21 C7

Un sitio impresionante junto a la laguna especializado en versiones originales de clásicos mexicanos. Hay que llegar hacia las 18.00 para ver la fabulosa puesta de sol. *12.00-22.00*

Italiana

La Pizzarra **$$**

22 D3

Para picar *pizzas* selectas y sabrosos platos de pasta en un amplio porche a la sombra de cara a la laguna. *12.00-22.00*

Localizaciones en el plano de la **p. 48**

Parole Cancún **$$$**

23 C5

Entorno romántico en una terraza que penetra en la laguna. La elegante presentación y música en directo realzan la deliciosa comida italiana (¡albóndigas de Wagyu!). *17.00-1.00*

Frente al mar

Cocos & Grill **$$**

24 B1

Lugar acogedor para disfrutar de pescado y marisco fresco y bebidas frías en la misma playa. *10.30-18.30*

El Fish Fritanga **$$**

25 D4

El ambiente es informal, pero la comida y la bebida son de primera. Está de cara a la laguna, pero tiene buenas vistas y mesas en la arena. *11.00-23.00*

Casitas **$$$**

26 C4

Para comer sobre la arena en tiendas privadas y aireadas. El servicio excelente y el bello entorno brinda una perfecta noche romántica. *18.30-23.00*

Ocasiones especiales

Fred's Seafood & Raw Bar $\circ$$\circ$$\circ$

véase **16** C5

Restaurante contemporáneo entre jardines tropicales frente a la laguna. Deslumbra por su pescado y marisco y su diseño sofisticado. *13.00-24.00*

Harry's Cancún $\circ$$\circ$$\circ$

27 C4

Favorito para citas nocturnas por su estilo chic, pescado, marisco y carne de presentación exquisita, y servicio impecable. Al final hay una dulce sorpresa. *13.00-2.00*

Lorenzillo's $\circ$$\circ$$\circ$

28 D3

Este local turístico junto a la laguna cobra cara la langosta, pero la prepara de 16 maneras deliciosas. Ojo con los cocodrilos que lo frecuentan. *13.00-23.00*

Beber

Clubes de playa

Tribu Beach Club

29 E7

Impresionantes platos de pescado y marisco y servicio intachable en un local precioso en playa Gaviota Azul. *11.00-3.00*

Mandala Beach

30 E7

Fiesta ininterrumpida con tres piscinas, lujosas camas balinesas, copas cargadas y servicio atento. *11.00-17.30*

Coco Bongo Beach Party

31 E7

Más que una fiesta en la playa parece una fiesta en la piscina, con barra libre, espectáculos en directo y mucha diversión acuática y desenfrenada. *13.00-20.00*

Discotecas

HRoof

véase **27** C4

Garantiza una noche especial: vistas de Holbox, servicio atento y ambiente selecto. Los DJ pinchan tecno, *hip-hop* y música latina hasta altas horas de la noche. *23.00-5.00 vi y sa*

Coco Bongo

véase **31** E7

Su espectáculo estilo Las Vegas fascina con acrobacias, bandas de versiones y coreografías. Cuando acaba, empieza el bailoteo, que dura toda la noche. *21.00-3.00*

Señor Frog's

32 E7

Cursi y a la vez divertidísimo. Ofrece espectáculos en directo, juegos disparatados, conga, chupitos gratis y diversión garantizada. *11.00-2.00*

City

33 E7

Este local de viernes por la noche afirma ser la discoteca más grande de Latinoamérica. Tiene un enorme escenario central para beber y bailar, rodeado de niveles a modo de gradas. *22.30-3.00 vi*

Comprar

Centros comerciales

La Isla Shopping Village

34 D3

Centro comercial de interior y exterior con un sistema de canales, noria, acuario, sala de cine y *boutiques*. *10.00-22.00*

Plaza Kukulcán

35 D4

El centro comercial más grande de Cancún acoge exposiciones de arte, además de tiendas de artículos de plata y otros recuerdos artesanales. *10.00-22.00*

★ MERECE LA PENA

Chichén Itzá

Esta ciudad, antaño grandiosa, constituye el yacimiento maya más famoso y mejor restaurado de Yucatán, y asombra hasta a los más impasibles, pese a las aglomeraciones. Ocupa 10 km² y contiene una fascinante colección de ruinas, entre ellas templos majestuosos y una altísima pirámide.

CONSEJO

Chichén Itzá está siempre abarrotado, pero el gentío (y la temperatura) se soportan mejor de buena mañana. Si se llega a la hora de apertura, se puede explorar antes de que lleguen casi todos los autobuses turísticos.

Escanea este código QR para ver los horarios y precios de las entradas.

El Castillo

Nada más entrar se encuentra **El Castillo,** también llamado pirámide de Kukulcán, que se alza en todo su esplendor. El primer templo que existió en este lugar era pretolteca y se construyó hacia el año 800 d.C. El actual, edificado sobre el anterior, cuenta con 25 m de altura, una escalinata flanqueada por dos cabezas de serpiente emplumada y unos guerreros toltecas tallados en lo alto, junto a la puerta. Estos no pueden verse, pues, tras un triste accidente en el 2006, se prohibió subir a la pirámide.

El edificio es, de hecho, un inmenso calendario de piedra. Una escalera parte en dos cada una de las nueve plantas, cosa que da 18 terrazas, símbolos de los 18 meses de 20 días que tenía el año maya. Las cuatro escaleras constan de 91 peldaños cada una. Si a eso se suma la plataforma superior, se obtiene un total de 365, el número de días del año. En cada fachada de la pirámide hay 52 paneles, recordatorios de los 52 años de la rueda calendárica maya.

En la pirámide más antigua del recinto se encuentra un trono en forma de jaguar rojo con incrustaciones en los ojos y manchas de jade, así como un *chac mool* (estatua ritual de piedra reclinada). En la base del lado norte está la entrada a

0   200 m

Gran Museo
de Chichén Itzá

Carretera Mérida - Puerto Juárez

MEX
180

sté (1km);
o (14km)

Cenote
Sagrado

Sacbé

Templo del
Barbado

MEX
180

Gran Juego
de Pelota

Plaza
Principal

Templo de las
Grandes Mesas

Plataforma
de Venus

Entrada
oeste

Entrada
a El Túnel

Templo
de los
Guerreros

Juego de
Pelota

P

Unidad
de Servicios

El Castillo
(pirámide
de Kukulcán)

Grupo
de las
Mil Columnas

Columnata
Noreste

El Osario

Juego
de Pelota

Casa de los
Metates

Juego de
Pelota

El Mercado

Baño
de Vapor

Templo
del Venado

Cenote
Xtoloc

La Casa
Colorada

Juego de
Pelota

Entrada este

P

El Caracol

Hotel
Mayaland

Antigua carretera

Templo de los
Tableros Esculpidos

Casa
de las
Monjas

Akab-Dzib

Valladolid
(45km)

Entrada

IVAN SOTO COBOS/SHUTTERSTOCK

UNA PAUSA
El **Café 28,** dentro de la entrada oeste, sirve bebidas tipo Starbucks y *muffins*. Para algo más contundente, Oxtun, un restaurante informal cercano, ofrece tacos, nachos y burritos.

El Túnel, el pasadizo que conduce al trono. Pero no se puede entrar, pues en el 2015 un estudio concluyó que la pirámide se asienta casi con total seguridad sobre un cenote (poza) de 20 m de profundidad, lo cual aumenta el riesgo de derrumbe.

Grupo de las Mil Columnas

Este grupo al este de la pirámide debe su nombre al bosque de pilares que se extiende al sur y al este. Su joya es el **templo de los Guerreros** (foto), adornado con estuco y deidades animales esculpidas en piedra. En lo alto de las escaleras hay un *chac mool,* pero ya no se permite subir.

Muchas de las columnas frente al templo lucen tallas de guerreros. En 1926, un equipo de arqueólogos descubrió un templo de *chac mool* debajo del templo de los Guerreros.

Paseando entre las columnas por el lado sur se llega a la **Columnata Noreste,** que destaca por las máscaras del dios nariguo de la fachada, algunas dispuestas en el suelo alrededor de la estatua. Justo al sur se encuentran los restos de un **baño de vapor,** con un horno subterráneo y sumideros. Estos baños, de los que existen dos en el recinto, se usaban regularmente en los rituales de purificación.

Gran Juego de Pelota

El **Gran Juego de Pelota,** el más grande e imponente de México, es solo uno de los ocho que se hallan en la ciudad, señal de la importancia que tenía el juego. La cancha, a la izquierda del centro de visitantes, se encuentra flanqueada por dos templos y delimitada por altos muros rematados por relieves en piedra. A lo largo de los muros también hay relieves, algunos con escenas de decapitación de los jugadores.

Hay pruebas de que el juego debió de cambiar a lo largo de los años. Algunas tallas muestran a los jugadores con los codos y las rodillas protegidos, y se cree que jugaban a algo parecido al fútbol con una pelota de caucho y que no se podían usar las manos. Otras tallas muestran a los jugadores blandiendo bates; parece que, si un jugador metía la bola por uno de los aros de piedra, su equipo se llevaba la victoria. Y es posible que, durante el periodo tolteca, el capitán del equipo perdedor fuera sacrificado, quizá junto con sus compañeros.

La cancha goza de una acústica interesante: una conversación se oye de punta a punta, con 135 m de por medio, y un aplauso genera un eco fuerte y persistente.

Cenote Sagrado

Desde la plataforma de los Cráneos, una *sacbé* (calzada) de piedra sin labrar discurre 400 m al

LA MAGIA DEL EQUINOCCIO
En los equinoccios de primavera y otoño (hacia el 20 de marzo y el 22 de septiembre), el sol de la mañana y de la tarde produce una ilusión de luces y sombras: la serpiente asciende o desciende por la escalinata de El Castillo. Se ve casi igual de bien la semana anterior o posterior a cada equinoccio (y con mucha menos gente).

ESPECTÁCULO DE LUCES Y SONIDO
Para ver otra cara de Chichén Itzá, se puede visitar durante las Noches de Kukulkán *(noches dekukulkan.com. mx; 772 MXN)*, un espectáculo de luces y sonido tan impresionante como caro que se ofrece de miércoles a domingo. Dura 25 min y se reproducen proyecciones de El Castillo. Antes del espectáculo, se puede realizar un circuito de 45 min por cuenta propia por otras zonas iluminadas de las ruinas.

norte hasta la enorme poza que dio nombre a esta ciudad (es un paseo de 5 min). El **Cenote Sagrado** es una piscina natural alucinante de unos 60 m de diámetro y 35 m de profundidad. Los muros entre la cima y la superficie del agua están cubiertos de enredaderas y frondosa vegetación.

Junto al cenote se hallan las ruinas de un pequeño baño de vapor.

El Caracol

El Caracol recibió su nombre de los españoles por su escalera espiral. Se trata de un observatorio al sur del osario, y uno de los edificios más importantes y fascinantes de Chichén Itzá (pero no se puede entrar).

Ofrece una mezcla de estilos arquitectónicos e imaginería religiosa. Luce máscaras de Chaac, el dios maya de la lluvia, en cuatro puertas externas encaradas a los puntos cardinales. Las ventanas de la cúpula están alineadas con la ubicación de ciertas estrellas en fechas concretas. Desde la cúpula, los sacerdotes decretaban cuándo debían efectuarse los rituales, las celebraciones, la siembra del maíz y las cosechas.

Casa de las Monjas

Los arqueólogos creen que la **Casa de las Monjas** (foto) fue un palacio de la realeza maya. A los conquistadores este edificio les recordó a un convento europeo por sus numerosas estancias, de ahí su nombre. La construcción es imponente, pues la base mide 60 m de largo por 30 de ancho y 20 de alto.

El edificio es más bien maya, pero lo preside una piedra sacrificial tolteca. Al este linda con una estructura menor llamada la Iglesia, que se encuentra cubierta casi por completo de tallas.

Gran Museo de Chichén Itzá

El bello y espacioso **Gran Museo de Chichén Itzá** se inauguró en el 2024. En sus grandes salas de exposición aloja esculturas, elementos arquitectónicos, figurillas, cerámica, joyas y otras reliquias de Chichén Itzá que ahondan en la cosmovisión, la vida diaria, la religión y los sacrificios humanos mayas. Las fascinantes piezas originales abarcan desde su fundación (900 a.C.) hasta su apogeo, más de mil años después. En lo alto de la pirámide de Kukulkán hay una recreación de la cámara interior, con reproducciones del trono en forma de jaguar rojo y un *chac mool*.

El museo queda aproximadamente a 2,5 km de la entrada principal a Chichen Itzá; lo mejor es ir en taxi o vehículo privado.

CÓMO LLEGAR
Los excelentes autobuses de ADO llevan a la entrada desde Cancún, Playa del Carmen y Tulum. La estación del Tren Maya queda a 7 km; un autobús *(55 MXN)* lleva a las ruinas.

STEFANO EMBER/SHUTTERSTOCK

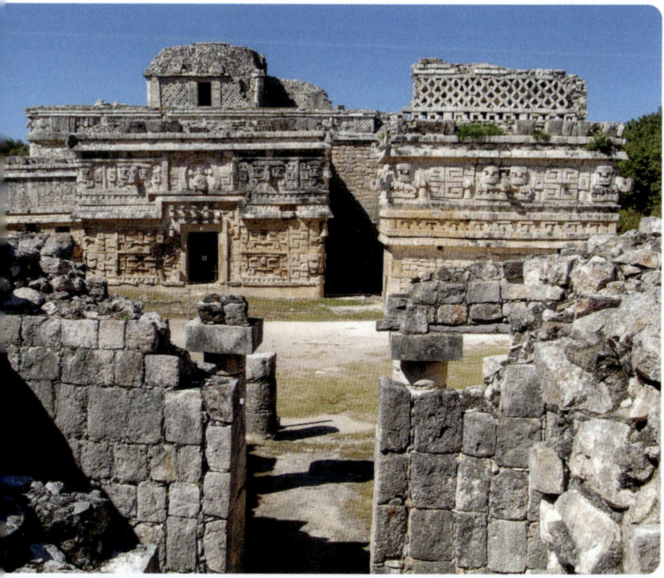

Sugerencias
de lugares para
comer, beber
y comprar en
p. 72

Explora
Isla Mujeres

Muchos viajeros se saltan Cancún del todo y se dirigen directamente a esta isla singular de ritmo lento y resorts pequeños, donde la arena es más fina y el agua es incluso más turquesa. Isla Mujeres ofrece una escapada a quienes acaban desbordados por el ajetreo frenético de la ciudad peninsular. Un trayecto de 40 min en ferri lleva a una tierra donde el carrito de golf es el principal medio de transporte, donde el entretenimiento por excelencia es relajarse en una playa de coral y donde el ambiente no puede ser más tranquilo.

Cómo desplazarse

 **Carritos de golf**
Son el principal medio de transporte de la isla. Se alquilan en Rentadora Caribe o en Rentadora Joaquín, ambos cerca de la terminal de ferris.

Bicicleta
La isla solo mide 8 km de punta a punta, así que es ideal para desplazarse en bicicleta (también se alquilan).

 Taxi
La parada está cerca de la terminal de ferris. Es útil para ir a Punta Sur o al pueblo de Colonias, que queda unos 3 km al sur.

LO MEJOR

CLUB DE PLAYA
Green Demon (p. 66)

SENDERO
Punta Sur (p. 67)

ENCLAVE DE BUCEO
Arrecife Manchones (p. 71)

MICROCERVECERÍA
Isla Brewing Co (p. 73)

RESTAURANTE SELECTO
Limón (p. 72)

Playa Norte (p. 66).

MAR
CARIBE

Bahía de
Mujeres

Laguna
Makax

Salina
Grande

Av. Rueda Medina

Carretera Sac Bajo

Playa
Pescador

Carretera Punta Sur

Kin Há

Playa Indios

Club de playa
Garrafón de Castilla

Sendero
Punta Sur

Estatua
de Ixchel

Punta
Sur

Templo
de Ixchel

Arrecife Manchones

2 km

Más información

Imprescindible p. 66
Experiencias p. 70
Comer p. 72
Beber p. 73
Comprar p. 73

★ **IMPRESCINDIBLE**

Playa Norte

Las preciosas playas de isla Mujeres, de fina arena y aguas topacio, son su mayor atractivo. La mejor de todas es la playa Norte, una franja de 500 m de belleza en la punta septentrional La arena es suave como el terciopelo y el agua, poco profunda, templada y de un azul increíble.

PLANO: P. 64 **D2**

CONSEJO

La playa Norte es uno de los pocos lugares del Caribe mexicano donde se ve la puesta de sol sobre el mar. No hay que olvidar la cámara.

Escanea este código QR para ver lugares de interés y un mapa.

Condiciones para nadar

Sus aguas cristalinas rara vez cubren por encima del pecho, por mucho que uno se aleje de la orilla. Además, es tranquila y, por tanto, idónea para hacer kayak y surf de remo. En el lado noreste, las piscinas naturales que flanquean el puente son estupendas para darse un chapuzón y relajarse.

Felicidad en forma de club de playa

Nada más fácil que acomodarse con el equipo y unas bebidas en un rincón de arena, a unos pasos de las olas. Es lo que hace mucha gente. Pero también se puede recalar en un club de playa, que ofrece tumbonas, sombrillas, baños, duchas y algo de picar. Algunos incluso tienen una pequeña piscina, hamacas y otras comodidades. Cada cual tiene su estilo, que va de tranquilo a lujoso, con música, servicios y precios en consonancia.

   Green Demon (*casadeljaguar.com/green -demon*) es uno de los más elegantes, con camas balinesas bajo grandes sombrillas. Tiene un servicio impecable, copas cargadas y ambiente alegre. El **Mayan Beach Club** (*mayanbeachclub.com*) también recibe elogios por su comida, copas y servicio. Casi todos los clubes cobran entrada o exigen una consumición mínima (aprox. 500 MXN/persona) para usar las tumbonas.

Punta Sur

Como indica su nombre, Punta Sur *(100 MXN)* está en el extremo sur de la isla. Además de ser un rincón bello y curioso para descansar de playa, es el punto más alto de la península y el más oriental de México, y fue sagrado para los mayas.

La diosa Ixchel

PLANO: P. 64 **E8**

En esta punta sur, los mayas erigieron un templo a Ixchel, diosa de la Luna, la fertilidad y el parto. Las mujeres lo visitaban para pedirle embarazos y partos sin complicaciones. A tal fin, le dejaban figurillas femeninas a modo de ofrendas.

Siglos después, en 1517, Francisco Fernández de Córdoba topó con la isla y halló muchos objetos que representaban a la mujer y a Ixchel. Por eso la llamó isla Mujeres. Hoy la **estatua de Ixchel** saluda a los visitantes cerca de la entrada de este parque nacional.

CONSEJO
Madrugar para contemplar el amanecer desde Punta Sur, el extremo más oriental de la isla (y de México).

Templo a Ixchel

Varios senderos recorren el parque entre estatuas de colores dedicadas a otros dioses mayas y figuras históricas. La pieza central son las ruinas del pequeño **templo de Ixchel,** sobre un acantilado con las olas rompiendo a sus pies. El entorno es espectacular.

Un paseo de altura

Quien se quede con ganas de acantilados de piedra caliza y aguas turquesas, puede dar un paseo más largo a las puertas del parque. El **sendero** cerca del aparcamiento lleva por los acantilados de la orilla este a lo largo de unos 1,3 km hasta la carretera principal.

CIRCUITO EN BICICLETA

En bici por isla Mujeres

Para hacerse una idea de la curiosa historia y el magnífico paisaje de isla Mujeres, hay que recorrerla en bici. Este trayecto panorámico lleva lejos de la turística Punta Norte por el pueblecito de Colonias hasta el extremo meridional, en Punta Sur. La vuelta por la orilla este brinda vistas preciosas de los acantilados y las olas.

INICIO	FINAL	DURACIÓN
Muelle de ferris	Muelle de ferris	15 km; 1½ h

1 Alquiler de bicicleta

Nada más llegar al muelle de ferris, se puede alquilar una bicicleta en **Rentadora Caribe** *(80/300 MXN h/día)*. Desde allí hay que salir del pueblo en dirección sur por la avenida Rueda Medina, cuyas vistas cruzan el mar hasta Cancún, a la derecha.

2 Emblema de la isla

Pronto se ve la **estatua de un tiburón ballena** que da la bienvenida. De junio a septiembre, estos animales tranquilos se congregan en el "afuera", el mar abierto al norte de la isla. Los tiburones ballena son tiburones, no ballenas. Son los peces más grandes del mar (alcanzan los 12 m), y desde hace mucho son fuente de riqueza y orgullo de los isleños, así como un símbolo de isla Mujeres. Para información sobre cómo nadar con ellos, véase la p. 70.

3 Empaparse de sur

Se sigue unos 6,2 km, rodeando la laguna Makax, a la derecha, hasta llegar a la **Punta Sur,** donde se disfruta de su paisaje espectacular, curiosa historia y ruinas antiguas, y quizá hasta de un helado. Hay que dejar la bici en la puerta.

4 Balcón natural

Fuera del parque, se sale del aparcamiento por la derecha y se va al norte. Luego, se recorren unos 5 km por la carretera litoral, con vistas increíbles. Se saca una foto en el **mirador Payo Obispo,** con divertidas esculturas de animales marinos.

5 Capilla marina

Se para en el pueblo de Colonias para visitar la **capilla de Guadalupe,** un bonito oratorio junto al mar dedicado a la virgen que le da nombre. Tiene un altar adornado con conchas e imponentes vistas del mar. La Virgen de Guadalupe representa la aparición de la Virgen María al indígena nahua Juan Diego cerca de México en 1531. Es uno de los símbolos nacionales y religiosos más venerados de México. Tras otros 1,5 km se llega al pueblo.

6 Cervecería al aire libre

Si tanto pedaleo da hambre y sed, se puede tomar una hamburguesa regada con cerveza en **Isla Brewing Co.** Ofrece una breve pero magnífica selección de cerveza artesanal y comida deliciosa en su bonito patio a la sombra.

7 El último mirador

Pasada la pista de aterrizaje, hay un último y fabuloso **mirador** con rocas, mar, cielo y poco más. En el siguiente cruce, se gira a la izquierda para volver a la avenida Rueda Medina, donde acaba este recorrido circular por isla Mujeres.

EXPERIENCIAS

Pasear por la avenida Hidalgo ZONA

Esta calle peatonal discurre a lo largo del centro, desde la plaza hasta los clubes de playa del lado norte, y ofrece comida sabrosa, copas cargadas y muchas tiendas, todo en un paseo fácil, divertido y pintoresco. Hay que visitarla a última hora de la tarde, cuando los bares y restaurantes atraen a la clientela con especiales de dos por uno y música en directo. **El Patio** (PLANO: ❶ P. 64 **E3**) es muy popular, al igual que **Lola Valentina** (PLANO: ❷ P. 64 **D3**).

Es ideal para comprar recuerdos, pues acoge muchas tiendas y los precios suelen ser más baratos que en Cancún. Casi ningún artículo se hace en la isla, pero hay un amplio surtido de artesanía mexicana, tequila y otros productos, desde hamacas a telas, piezas de plata y joyas. Los vendedores atosigan un poco, pero no hay que tener reparos en mirar sin comprar. También es normal regatear, sobre todo por objetos caros.

Esnórquel entre peces BUCEO

El Sistema Arrecifal Mesoamericano es el segundo más grande del mundo. Se extiende desde el Yucatán hasta Honduras, e isla Mujeres es un sitio estupendo para hacer esnórquel y submarinismo o explorar de otra forma ese mundo submarino. De hecho, en la punta sur de la isla se puede bucear con tubo frente a la orilla con los clubes de playa **Garrafón de Castilla** (PLANO: ❸ P. 64 **D8**; *tasteofisla.com/garrafon -de-castilla; 10 US$*) y **Kin Há** (PLANO: ❹ P. 64 **D7**; *kinhaislamujeres. com; paquete mínimo 300 MXN*). Ambos alquilan el equipo.

Otra opción son los circuitos de esnórquel *(50-60 US$)* que van al **arrecife Manchones** (PLANO: ❺ P. 64 **C8**), lleno de pastinacas, tortugas marinas, tiburones nodriza y coloridos peces ángel y loro. Los circuitos también van al Museo Subacuático de Arte (MUSA, p. 50), cuyas fantásticas esculturas se ven desde la superficie.

 NADAR CON TIBURONES BALLENA

Para nadar con tiburones ballena hay que seguir las normas de seguridad que amparan tanto a los humanos como a los peces. Solo tres personas (incluido el guía) pueden nadar con un tiburón en un momento dado. Hay que llevar chaleco salvavidas y no lanzarse al agua de un salto, sino entrar poco a poco haciendo el mínimo ruido. No hay que bucear bajo el tiburón. Debe mantenerse una distancia de al menos 5 m del animal. No hay que tocarlo ni molestarlo de ningún modo. No se puede llevar crema solar ni sacar fotos con *flash*.

Nadar con tiburones ballena BUCEO

De junio a septiembre, los tiburones ballena se congregan en las aguas profundas que hay unos 35 km al norte de la isla. Acuden a darse un festín de huevos de bonito, pez que desova en ese punto. Está prohibido hacer submarinismo, pero se puede nadar y hacer esnórquel con los tiburones *(150-170 US$)*. Chapotear en el agua con estos amables gigantes es una experiencia maravillosa. Suele haber más en julio y agosto.

Buceo profundo SUBMARINISMO

El rico **arrecife Manchones,** protegido por un parque marino nacional, está frente a la costa de isla Mujeres. Ocupa unos 800 m y contiene la mayor galería escultórica subacuática del MUSA. Con una profundidad media de 10 m, es un destino de buceo popular para todos los niveles y especialmente adecuado para aprender. Nota: en este enclave se puede bucear sin certificado; todos los operadores locales ofrecen opciones para principiantes.

Arrecife Tavos y **Media Luna** son otros dos destinos habituales de buceo, pues están llenos de bellos túneles y arcos. Un lugar único para los amantes de los tiburones es la **cueva de los Tiburones Dormidos,** que es exactamente eso: varias especies de tiburones se echan ahí la siesta debido al alto contenido de oxígeno del agua. El

CENTROS DE BUCEO

Todos los centros de buceo de la isla ofrecen circuitos de esnórquel con tiburones ballena y salidas de submarinismo.

Sea Hawk Divers

PLANO: **6** P. 64 **D2**

Bonnie y Ariel empezaron alquilando equipo de esnórquel en la playa en 1985. Su negocio familiar es el centro de buceo más veterano de la isla.

Carey Dive Center

PLANO: **7** P. 64 **D3**

El propietario y profesor Gilberto y su equipo reciben elogios por su profesionalidad y paciencia.

Aqua Adventures

PLANO: **8** P. 64 **E3**

Lleva dos décadas ofreciendo salidas de submarinismo y esnórquel en los arrecifes y pecios de la isla.

Pocna Dive Center

PLANO: **9** P. 64 **E2**

Operador fiable con instructores y guías expertos. En el hotel Selina.

Mexico Divers

PLANO: **10** P. 64 **E3**

Pesca deportiva y circuitos para ver peces vela, además de salidas de buceo y submarinismo.

precio de una inmersión con dos botellas oscila entre 115 y 155 US$, según el destino.

Lo mejor para...

Localizaciones en el plano de la **p. 64**

$** Económico **$$** Medio **$$$ Alto

Comer

Desayuno

Mango Café $$

 C4

Alegre café de Colonias, en el centro de la isla. Se llena por su tostada de coco y otros bocados de inspiración caribeña. *7.00-15.00*

Rooster $$

12 D3

Desayunos contundentes y batidos refrescantes a todas horas. *7.00-15.00*

Cafe Mogagua $$

13 F4

Todo tipo de desayunos, desde tortitas y huevos a chilaquiles (tortillas de maíz fritas) y huevos rancheros (fritos con salsa verde y roja). También vende café para llevar, ideal para el ferri. *7.00-22.30*

Almuerzo

Beachin' Burrito $$

14 D2

Perfecto para un pícnic en la playa. Se puede escoger entre seis burri-

tos de la casa regados con limonada recién hecha. *10.00-16.00 ju-ma*

Casa del Tikinxic $$

15 C6

Restaurante en la playa especializado en el clásico yucateca *tikin xic* (pescado marinado hecho en hojas de plátano) y otros platos de pescado y marisco fresquísimo. *10.30-19.00*

Citas nocturnas

Olivia $$$

16 E3

Fusión de sabores de Grecia, Marruecos y Turquía en un patio precioso. *17.00-21.45 lu-sa nov-abr, ma-sa may-oct*

Rosa Sirena's $$$

17 C4

Pintoresco local en una fresca azotea de Colonias con cocina mexicana moderna, sobre todo pescado y marisco. También hay cócteles, postres y música en directo. *17.00-22.00 ma-do*

Limón $$$

18 C6

El chef Sergio ofrece fantásticos platos mexi-

canos de aire internacional en un íntimo patio de Colonias. La langosta estilo Sergio es divina. *16.00-23.00 lu-vi*

Lola Valentina $$$

véase **D3**

Local sofisticado en la avenida Hidalgo. Para una sabrosa cena mexicano-caribeña o cócteles artesanales. *8.00-23.00*

Clubes de playa

Zama Beach Club $$

19 C3

Con una pequeña piscina y asientos de todo tipo, es una opción excelente en la playa Central, sobre todo cuando hace mucho viento en la playa Norte. *8.00-22.00*

Kin Há $$$

véase **D7**

Local en el extremo sur con una larga carta en la que destaca su especialidad, el pescado al estilo *tikin xic*.

Green Demon $$$

20 D1

Pura elegancia en la playa Norte, con sofisticadas camas balinesas a la sombra y un servicio fabuloso. Ofrece sándwiches, ensaladas y ceviche. *10.00-19.00*

Mayan Beach Club
💲💲💲
 21 D2

Pescado y marisco delicioso, servicio atento y una piscina para descansar de playa. Excelente. *8.00-22.00*

Beber

Café

Coffee Break
22 E3

Fantástico frapé y bebidas frías a base de café, repostería recién hecha y bocadillos al gusto. *8.00-16.00 lu-sa*

Café El Palmar
23 E3

Meca de los cafeteros. Los granos se cosechan en una granja familiar de Chiapas, se tuestan y se mezclan en busca del sabor más intenso. *7.30-20.30 lu-sa, hasta 15.00 do*

Bambu Cafe
24 E2

Café intenso, batidos sanos y repostería y sándwiches tentadores en un jardín secreto al fondo. *7.00-15.00*

Chiringuitos

Lima & Coco
25 D2

Delicioso "bar de frutas" en la playa Norte con fabulosos batidos, zumos recién hechos, cócteles y comida. *11.00-19.00*

Tiny Gecko
26 F4

Animado local en el lado este, menos concurrido. Tiene bebidas baratas, música en directo y brisa marina. Fiel a su nombre, es chiquito. Y tiene gecos. *8.30-23.00 lu-sa*

Tarzan
27 D2

Bebidas frías, *reggae* y un ambiente superrelajado. Alquila tumbonas. *9.00-19.00*

Fuera de la playa

Isla Brewing Co
28 C4

La pequeña fábrica de cerveza artesanal de la isla sirve rubias, pale ales y comida excelente en un patio a la sombra en Colonias. *12.00-21.00 lu-sa*

Joint
29 C6

Este arbolado bar gusta por su cerveza fría, mojitos congelados y *reggae* en directo siete días a la semana. Solo acepta efectivo. *10.00-21.00*

El Patio
véase E3

Favorito de los expatriados por sus ofertas de dos por uno en la *happy hour* y música en directo hasta entrada la noche. *16.30-24.00*

Comprar

Arte y artesanía

Women's Beading Cooperative
30 D6

Joyas bellas y únicas, diseñadas y hechas por mujeres de la isla. Cerca de la Punta Sur. *9.00-17.00 lu-sa, 10.00-14.00 do*

Nalu Gallery
31 D7

Bonita galería con una colección de cerámica, cuadros y joyas. Tiene un estudio de cerámica al fondo y el precioso Ulan Eatery enfrente. *9.00-21.00 lu-sa*

Aztlán Galería
32 E3

¡Originales isleños! Máscaras y figurillas hechas a mano, camisetas personalizadas y otros recuerdos únicos. *12.00-21.00*

Sugerencias de lugares para comer, beber y comprar en **p. 84**

Explora
Isla Holbox

En el pasado, esta isla situada a 2 h al norte de Cancún solo atraía a amantes del *windsurf* y la playa. Ahora sus estilosos bares con columpios, yoga en la playa y *pizza* de langosta llaman a viajeros de todas las edades y aficiones (incluidos los amantes del *windsurf* y la playa). Con su gastronomía variada y deliciosa, vida nocturna relajada pero divertida y clientela aventurera e independiente, la singular y original Holbox es una especie de Tulum del norte. Y lo mejor es que la isla entera forma parte de la Reserva Natural Yum Balam, que protege a 150 especies de aves, así como a tiburones ballena en migración (solo en temporada).

Cómo desplazarse

 Ferris
Primero se toma un autobús de ADO o una furgoneta privada al puerto de Chiquilá (hay transporte desde el centro y el aeropuerto de Cancún). Dos líneas de ferris ofrecen el trayecto de 30 min a la isla: 9 Hermanos y Holbox Express. El billete se vende en línea o en el punto de partida.

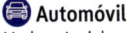 **Automóvil**
No hay. La isla se puede recorrer a pie (salvo cuando se inunda tras lluvias torrenciales).

 **Todoterreno**
Hay taxis todoterreno por la "calle" —si se puede llamar así— y en el muelle de ferris.

LO MEJOR

CIRCUITO
Circuito en kayak al amanecer (p. 83)

FAUNA
Tiburones ballena (p. 82)

FENÓMENO NATURAL
Bioluminiscencia (p. 82)

LOCAL DE DESAYUNOS
Mr Happy (p. 84)

CLUB DE PLAYA
Punta Caliza (p. 84)

Puesta de sol en la isla Holbox.
JORDAN FOX/ALAMY STOCK PHOTO

N 0 ———————————————— 400 m

Más información

Imprescindible ⭐ p. 78
Experiencias ✴ p. 82
Comer ✕ p. 84
Beber 🍷 p. 85
Comprar 🛍 p. 85

*GOLFO
DE MÉXICO*

Av Damero

5 *Kukulkite*

Av Pedro Joaquín Caldwell

C Sierra

C Cariño

C Palomino

C Gerónimo de Aguilar

C Paseo Kuka

Av Pedro Joaquín Caldwell

Véase ampliación

🎵

21

☕

26

✕ ✕
6 **7**

Av Damero

C Tiburón Ballena

C Cariño

C Palomino

C Hernán Cortez

8 ✕

C Porfirio Díaz

C Esmeralda

C Paseo Kuka

*Punta
Coco*

3 ▲

18 ▲

6 ✕

C Tintorera

C Cariño

C Lisa

C Gerónimo de Aguilar

C Paseo Kuka

C Hernán Cortez

*Aeródromo
de Holbox*

E F G H

17

1

23

Punta Mosquito

15

16

2

Playa Holbox

Av. Damero

C Paseo Kuka

C Paseo Kuka

3

13

GOLFO DE MÉXICO

C Paseo Kuka

14

C Sierra

4

20

27

4

Av Pedro Joaquín Caldwell

11

C Gerónimo de Aguilar

Azul Tourquesa

Holbox Kiteboarding School

2

C Canto

22

25

Av Damero

5

9

19

28

12

C Porfirio Díaz

10

24

29

Av Pedro Joaquín Caldwell

C Tiburón Ballena

C Palomino

Parque central de K'íiwik

0   100 m

6

C Palomino

✩ **VIP Holbox**

1

C Canto

Bahía de Holbox

E F G H

★ IMPRESCINDIBLE

Punta Mosquito

Punta Mosquito, al noreste del pueblo, es el "codo" de la isla Holbox, un lugar agreste donde las ciénagas y los manglares topan con el mar. Con la bajamar, su banco de arena aflora como una franja de playa inmensa y magnífica, un paisaje espectacular de arena, cielo y mar brillante.

PLANO: P. 76 **H1**

CONSEJO
Consultar las tablas de mareas. Con pleamar (y viento fuerte), sube el nivel del mar, por lo que habrá que vadear con agua hasta las rodillas o la cintura para llegar al banco de arena.

Escanea este código QR para más información sobre Yum Balam.

Reserva Natural Yum Balam

Punta Mosquito está protegida por **Yum Balam,** que en 1994 fue declarada reserva natural a instancias de la comunidad local. Protege los humedales y bosques de manglares aledaños, que ofrecen abrigo a una prolífica fauna. Abunda en aves, como pelícanos, halietos, espátulas y flamencos (en temporada; foto). También alberga reptiles, entre ellos tortugas marinas, iguanas, serpientes y cocodrilos.

Para proteger a la fauna, y también a los humanos, está prohibido entrar.

El banco de arena

Los más audaces y curiosos pueden recorrer el banco de arena hasta el límite con la zona restringida (bien señalizada). Con la bajamar, el banco se convierte en un espacio enorme rodeado de aguas cristalinas. Las aves se concentran en sus aguas someras, y también hay estrellas de mar, pastinacas y otros peces.

Es idílico para tomar el sol, chapotear y disfrutar de la tranquilidad. Se aconseja llegar temprano, antes que los barcos de circuitos.

JANA HAKE/SHUTTERSTOCK

El trayecto

Para llegar al banco de arena, hay que ir a pie o en bicicleta al Hotel Las Nubes, que está en la playa, 2 km al noreste. Desde allí solo queda vadear el agua hasta el banco. Un paseo de otros 2 km por él lleva al borde de la zona restringida.

El banco queda bien expuesto con la marea baja, pero el agua cubre un poco, según el viento y las mareas.

Quien no quiera mojarse, puede viajar en barco. Es una de las tres paradas del popular circuito de Tres Islas, que ofrecen todos los operadores.

UNA PAUSA
Al contrario de lo que se pueda pensar, en el banco de arena no se sirve cerveza. Hay que llevarse agua, comida y bebidas.

🚶 **CIRCUITO A PIE**

La isla Holbox a pie

El centro de Holbox, que apenas ocupa 1 km de ancho, tiene unos cuantos resorts y restaurantes a ambos lados de la playa. Es un pequeño paraíso *hippy* lleno de arte urbano, marisco y locales playeros, y a todo se llega a pie. Conviene dedicar unas horas a descubrir su encanto artístico y elegancia discreta.

INICIO	FINAL	DURACIÓN
Parque central de K'íiwik	Las Hamacas	2 km; 3 h

1 Parque de K'íiwik

El circuito empieza en la bonita plaza mayor, el **parque central de K'íiwik,** núcleo de la vida local de Holbox que acoge desde mercados de fin de semana hasta partidos de fútbol nocturnos. Su pequeña concha acústica, decorada con un evocador y colorido mural, suele ofrecer espectáculos.

2 Las mejores fotos

Dos manzanas al norte está el paseo marítimo, donde la brisa mece las palmeras y los barcos amarran en la orilla. Allí aguardan las obligadas letras de Holbox, ideales para sacarse una foto que atestigüe el viaje. Detrás de las letras, arranca el **Muelle Tiburón Ballena,** que se extiende hasta el golfo de México y es un rincón perfecto para ver la puesta de sol. Hay que llevarse la bebida para brindar. En la caseta al pie del muelle hay pintada una llamativa máscara de monstruo al estilo maya.

3 Fiesta en la playa

Capitán Capitán, muy popular entre los isleños, es uno de los numerosos clubes de playa del paseo marítimo. Su excelente comida, copas a buen precio y servicio impecable son sellos de la casa. También destacan el barco transformado en barra y el romántico columpio para dos de cara al mar. Muy buen ambiente.

4 Arte urbano

Se deja la playa (momentáneamente) y se pasea hasta la **calle Carito,** el rincón más pintoresco y artístico de la isla. En las primeras manzanas hay murales en casi cada edificio. Representan temas culturales mayas y mexicanos o a celebridades locales, y también hay alguna obra fantasiosa.

5 Felicidad playera

De vuelta en la orilla, la **playa Holbox** se extiende al noreste, aparentemente sin fin. Con su arena fina y sus cálidas aguas turquesas, brinda el paseo perfecto a cualquier hora del día. Un paseo junto al agua permite admirar el paisaje marino, sentir la brisa oceánica y hundir los pies en la arena y la espuma. En cualquier momento, uno puede darse un chapuzón en la piscina de agua salada más grande del mundo.

6 Las Hamacas

Los clubes de playa se suceden por la arena durante más de 1 km, y se puede parar en cualquier para nadar, broncearse o tomar un refresco. Se recomienda **Las Hamacas** por su sabrosa comida y sus tumbonas privadas hacia el final de la playa. Además, está a unos 20 min a pie, lo cual merece un descanso (y una mezcalita).

EXPERIENCIAS

Nadar con tiburones ballena

BUCEO

PLANO: ❶ P. 76 **E6**

Las aguas que rodean la isla Holbox forman parte de la Reserva Natural Yum Balam y protegen una de las mayores poblaciones de tiburones ballena del planeta. En los meses de verano (por lo general may-sep), estos animales alucinantes acuden a alimentarse en sus aguas ricas en plancton. En esa época, hay circuitos que llevan a nadar y bucear con ellos.

Los circuitos suelen ser excursiones de un día que incluyen varias horas en el barco, el avistamiento de tiburones, una parada para hacer esnórquel y un pícnic en la playa (con ceviche fresco). A última hora de la tarde se vuelve, cansado pero exultante, con recuerdos —y hasta fotos— para toda la vida. Se reserva a través de **VIP Holbox** (*vipholbox.com; 3200 MXN*).

Una noche bioluminiscente

AL AIRE LIBRE

Cuando se dan las condiciones adecuadas, las aguas de Holbox brillan con un mágico azul neón. Este asombroso fenómeno natural se debe al fitoplancton bioluminiscente, que genera un brillo irisado cuando se altera, y el mar reluce con cada temblor. Una ola que rompe, un pez que sacude la cola, otro que salta… todo desencadena este fantástico espectáculo de luces.

En Holbox la bioluminiscencia puede verse todo el año, pero sobre todo en verano. Cuanto más oscuro el cielo, mejor, por eso es ideal con luna nueva. Muchos operadores organizan salidas nocturnas para observar este fenómeno en kayak o haciendo esnórquel, como **Azul Tourquesa** (PLANO: ❷ P. 76 **F5**; *azul tourquesa.com.mx; 800 MXN*), ubicado en Choza Pink, en la propia playa.

 NADAR CON TIBURONES BALLENA ————

Es comprensible que asuste un poco nadar con tiburones de 15 toneladas y 12 m de largo, pero no tiene por qué. Estos amables gigantes se alimentan abriendo la boca de par en par para tragar enormes cantidades de pescado, plancton y kril, como las ballenas que les dan nombre. Claro que las ballenas son mamíferos, y los tiburones, peces, pues tienen branquias y pueden respirar bajo el agua. Verlos y nadar con ellos en su hábitat natural es una experiencia sobrecogedora que inspira asombro por nuestro planeta y su increíble fauna. Pero también puede ser descorazonador. A veces hay decenas de barcos rondando y estresando a unos pocos ejemplares. En la p. 70 se ofrecen las normas para nadar con tiburones ballena.

No hace falta apuntarse a un circuito para ver el espectáculo. Se puede ir a pie o en taxi hasta **Punta Coco** (PLANO: ❸ P. 76 **A6**), unos 2 km al oeste del pueblo, donde la bioluminiscencia brilla en toda su gloria y se ve desde la playa.

Remar por los manglares KAYAK

Tierra adentro, Holbox es un sistema de lagunas y estuarios entre bosques frondosos de manglares rojos y negros. Este rico hábitat de fauna está protegido por la Reserva Natural Yum Balam y alberga más de 200 especies de aves, como los famosos flamencos rosas (abr-oct). En sus aguas salobres también acechan cocodrilos americanos. Aparte de albergar incontables animales, los manglares estabilizan el litoral y reducen la erosión. Además, contribuyen a controlar el cambio climático, pues almacenan más dióxido de carbono (por unidad) que cualquier ecosistema del planeta.

Los mangles arraigan directamente en las aguas fangosas, por lo que este extraordinario hábitat solo se puede explorar por el agua, ya sea en kayak o surf de remo. **Azul Tourquesa** (ver p. anterior) ofrece un estupendo circuito de 3 h con un guía naturalista, bien al romper el día o a última hora de la tarde, momentos en que es más probable ver fauna.

Contra viento y marea KITESURF

Al poco de llegar a Holbox se notará el potente viento que sopla del este y el noreste. Este fenómeno fuerte y persistente (250 días al año) brinda las condiciones ideales para hacer *kitesurf* y sus derivados, *foil* y *wingfoil*. Además, el agua cálida y serena tampoco está nada mal. La acción se concentra en el banco de arena al norte del pueblo. Se puede alquilar equipo o contratar clases en **Holbox Kiteboarding School** (PLANO: ❹ P. 76 **H4**; *holboxkiteboarding.com*) o **Kukulkite** (PLANO: ❺ P. 76 **D3**; *kukulkite.com*).

De taco en taco COMIDA

A quien le gusten los tacos, le encantará **Taco Tour Holbox** (*tacotourholbox.com; 94 US$*), una noche divertida y sensacional de comida y bebida con la experta en tacos Lorena De León. El circuito incluye cuatro paradas en taquerías para comparar sabores, locales y experiencias gastronómicas (maridadas con sus bebidas). Lorena cuenta anécdotas y explica el papel de los tacos en la cultura mexicana, cómo prepararlos y comérselos, y mucho más.

SUGERENCIAS

Lo mejor para...

$ Económico $$ Medio $$$ Alto

Comer

Desayuno y almuerzo

Le Jardin $
 6 B5

Repostería francesa y café exquisito en una fresca palapa rodeada de plumerías y mariposas. *8.30-12.30 mi-do*

Zonnebloem $
7 B5

Los girasoles que le dan nombre y otras flores alegran este bonito y pequeño local para desayunar. *8.00-17.00*

Mr Happy $$
8 B6

Elegante restaurante al aire libre que ofrece un festín de huevos y batidos al son de música pegadiza. Hará tan feliz como su nombre indica. *8.00-17.00*

Painapol $$
9 F5

Local de moda con una impresionante carta de batidos sanos y deliciosos, ensaladas fabulosas, sándwiches, café y mucho más. *8.00-15.00 mi-lu*

Pescado y otras delicias

Restaurante de Pimienta $
10 G5

Animado local en la plaza mayor propiedad de pescadores locales. Sirve platos tradicionales de pescado y marisco fresquísimo, en especial cócteles (de marisco, claro) y aguachiles (camarones crudos con salsa). *12.00-20.00 ju-ma*

Barba Negra $$
11 H4

Original y contemporáneo. Elabora tacos de pescado, camarones o pulpo con cuatro salsas de la casa a elegir. *13.00-22.30*

Roots Pizza a Leña $$
12 H5

Pizza en horno de leña con ingredientes tentadores, como mole poblano o suculenta langosta. Tiene cerveza mexicana de barril y 150 variedades de mezcal. *12.00-23.00*

Localizaciones en el plano de la **p. 76**

Punta Caliza $$$
13 E3

Íntimo y al aire libre, con presentaciones sofisticadas de auténticos sabores mexicanos. Se recomienda la sopa de marisco. *7.00-22.00*

Clubes de playa

Capitán Capitán $
14 G4

Clásico chiringuito con servicio amable, ambiente relajado, buena comida, copas baratas y sin consumición mínima. Imbatible. *11.00-23.00*

Mantarraya $
15 G2

Genuino ambiente mexicano, grandes raciones de pescado y marisco fresco y música latina. *11.00-18.00*

Punta Caliza $$
16 F2

Tacos de camarones y otros platos fabulosos, mezcalitas y tumbonas con vistas. *10.00-19.30*

Las Hamacas $$
17 H1

En la punta norte de la playa, donde la arena está limpia y hay poca gente. Comida sabrosa y servicio excelente. Exige una consumición mínima para beneficiarse de las camas balinesas. *8.00-22.30*

Maruva Beach Club ❸❸❸

 18 A6

Bello rincón rodeado de palmeras en la tranquila punta oeste de la playa. Se recomienda la original cocina nikkei (fusión japonesa-peruana). Mínimo 500 MXN. *8.00-19.00*

Beber

Cerveza y cócteles artesanales

Crónicas Taproom

19 G5

Bar de azotea con una docena de cervezas mexicanas de barril, *pizzas* hechas en horno de leña y cócteles artesanales. *16.00-23.00*

Luuma

20 H4

Bar romántico de tapas y cócteles en un jardín de palmeras a la luz de las velas y los farolillos. *17.00-24.00*

Ocio en directo

Tribu Bar

21 A5

Casi cada noche se cuece algo, a menudo música en directo. Las *jam sessions*

de los domingos son legendarias. *19.00-1.00 ma-do*

Hot Corner

22 F5

Fiel a su nombre, este popular local ocupa una animada esquina del centro. La música retumba en su escenario al aire libre e invita a bailar en las calles de arena. *13.00-2.00*

Aldea Kuká

23 H1

Local al aire libre con un emocionante espectáculo nocturno de fuego y acrobacias. El restaurante es caro, pero el entretenimiento es gratis. *Espectáculo 20.30*

La Combi

24 F5

Este alegre sitio es inconfundible: una furgoneta Volkswagen parece salirse de la barra. Tiene música, copas y deporte en la tele. *13.30-1.00*

Dosis de cafeína

Clandestino Café

25 F5

Para recargar energía con café —frío o caliente— acompañado de repostería recién hecha y wifi potente. *8.00-18.00*

Copal Café

26 A5

Especialidades a base de café exprés en un pre-

cioso patio a la sombra de palmeras con una tentadora carta de desayuno o *brunch. 7.00-20.00*

Comprar

Moda

Le Bazaar Boutique

27 H4

Paraíso de moda exclusiva de inspiración playera. Vende al aire libre prendas vaporosas boho-chic y estilosa decoración del hogar, casi todo de diseñadores mexicanos. *10.00-23.30*

Galerías de arte

Barro Azul

28 H5

Gran selección de elegante arte contemporáneo, sobre todo cerámica y arte gráfico original, con piezas de todo México. *10.00-23.00*

Holbox Galería de Arte

29 G5

Galería propiedad de una artista que expone cuadros de peces, fauna, paisajes, marinas, y escenas y retratos de la vida en Holbox. *10.00-23.00*

Sugerencias
de lugares para
comer, beber
y comprar en
p. 96

Explora
Playa del Carmen

Playa del Carmen rivaliza con Tulum como uno de los destinos más modernos de la Riviera Maya. Sus playas de arena dorada, al fresco sotavento de Cozumel, se llenan de amantes del sol, que las visitan cómodamente desde los hoteles, restaurantes y bares de la Quinta Avenida y alrededores. Tiene arrecifes de coral frente a la orilla e idílicos cenotes muy cerca en coche. Playa, como la llaman los mexicanos, fue en su día un pueblecito pesquero, pero hoy tiene más de 300 000 habitantes. Y, además, es uno de los lugares más cosmopolitas de México, con viajeros y expatriados de todo el mundo.

Cómo desplazarse

 **Autobús**
Muchos autobuses de larga distancia llegan y salen de la terminal turística de ADO, bien situada en la Quinta Avenida.

 A pie
El centro de Playa es ideal para explorarlo a pie. En el tramo peatonal de 2 km de la Quinta Avenida, que arranca en el muelle de ferris, hay muchísimas tiendas, bares y restaurantes.

 **Bicicleta**
Pasada la Calle 38, la Quinta Avenida es una vía tranquila para ir en bici a las playas del norte, como Punta Esmeralda. Cool Bikes es uno de los muchos locales de alquiler.

Actividades acuáticas (p. 95), Playa del Carmen.
IURII DZIVINSKYI/SHUTTERSTOCK

LO MEJOR

PLAYA
Punta Esmeralda (p. 94)

CENOTES
Parque Dos Ojos (p. 90)

MUSEO
Museo Frida Kahlo
Riviera Maya (p. 95)

CENA JUNTO AL MAR
Fusion (p. 96)

RESTAURANTE AJARDINADO
La Cueva del Chango
(p. 96)

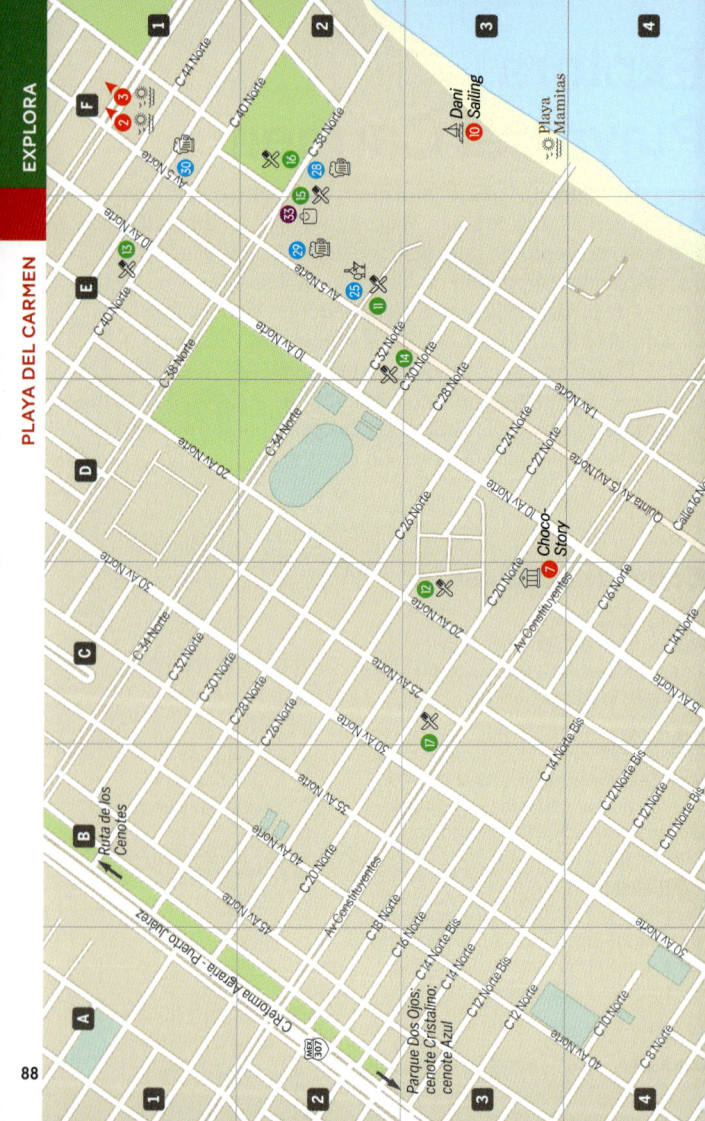

Dani Sailing
10

Playa Mamitas

Playa Mamitas

C. 44 Norte

C. 42 Norte

C. 40 Norte

C. 38 Norte

5 AV Norte

5 AV Norte

10 AV Norte

10 AV Norte

20 AV Norte

20 AV Norte

C. 36 Norte

C. 34 Norte

C. 32 Norte

C. 30 Norte

C. 28 Norte

C. 26 Norte

C. 24 Norte

C. 22 Norte

C. 20 Norte

Quinta Av. (5 AV) Norte

1 AV Norte

Av. Constituyentes

Av. Constituyentes

Calle 10

C. 18 Norte

C. 16 Norte

C. 14 Norte

C. 14 Norte Bis

C. 12 Norte Bis

C. 10 Norte Bis

C. 8 Norte

C. 12 Norte

Choco-Story
7

25 AV Norte

30 AV Norte

35 AV Norte

40 AV Norte

45 AV Norte

Ruta de los Cenotes

C. Reforma Agraria - Puerto Juárez

Av. Constituyentes

MEX 307

Parque Dos Ojos: cenote Cristalino; cenote Azul

50

9

53

29

28

13

11

25

14

12

17

A B C D E F

1 2 3 4

F 2 3

88

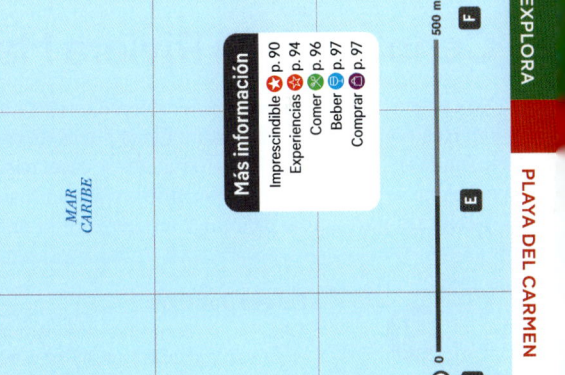

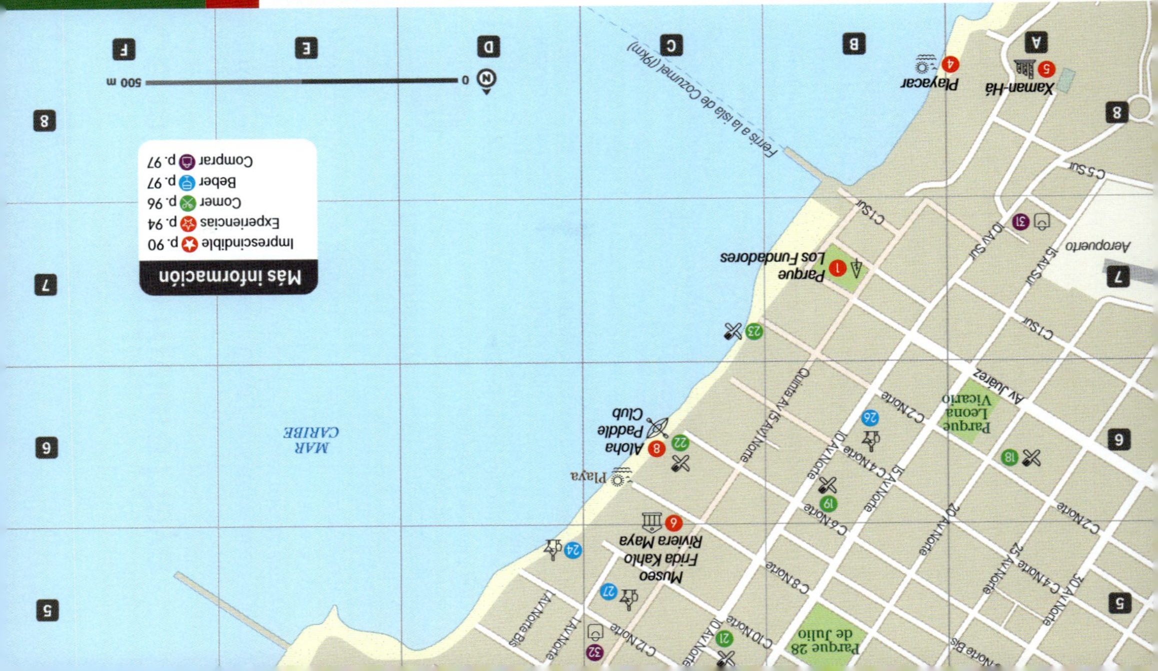
Más información
Imprescindible p. 90
Experiencias p. 94
Comer p. 96
Beber p. 97
Comprar p. 97
MAR CARIBE
0
500 m
Ferris a la isla de Cozumel (19km)
Playacar
Xaman-Há
Parque Los Fundadores
Aloha Paddle Club
Playa
Museo Frida Kahlo Riviera Maya
Parque Leona Vicario
Parque 28 de Julio
Aeropuerto
Quinta Av (5 Av) Norte
10 Av Norte
15 Av Norte
20 Av Norte
25 Av Norte
30 Av Norte
1 Av Norte
1 Av Norte Bis
Av Juárez
C 1 Sur
C 5 Sur
10 Av Sur
15 Av Sur
C 2 Norte
C 4 Norte
C 6 Norte
C 8 Norte
C 10 Norte
C 12 Norte
A
B
C
D
E
F
5
6
7
8

Cenotes de la Riviera Maya

No es de extrañar que los mayas vieran los cenotes como puertas secretas al inframundo. Estas pozas de un azul insondable, con haces de luz danzante y cavernas de estalactitas en plena selva, se cuentan por miles en la península, y son excelentes para nadar, bucear y relajarse en la naturaleza.

CONSEJO

Ir temprano (a las 10.00) para evitar el gentío del mediodía. Llevar bañador, toalla y calzado para el agua, pero no crema solar, pues contamina el agua.

La entrada cuesta entre 300 y 600 MXN y solo se suele aceptar efectivo; abre de 8.00 a 17.00.

Parque Dos Ojos

Tiene varios cenotes impresionantes y ofrece circuitos con guías para hacer esnórquel por alucinantes cuevas submarinas, donde se flota entre relucientes estalactitas y estalagmitas en un entorno sobrecogedor. Es más caro que la mayoría, pero es enorme e invita a pasarse horas. Lo más práctico es ir en coche, pues queda a unos 3 km de la carretera.

Para bucear, hay que reservar a través de un operador, como **Phantom Divers** (p. 95), en Playa del Carmen, o **La Calypso** (p. 115), en Tulum.

Cenote Cristalino

Unos 23 km al sur de Playa del Carmen, cerca de la carretera, el pequeño **cenote Cristalino** hace honor a su nombre con aguas claras rodeadas de bosque frondoso. Tiene un pequeño acantilado desde donde lanzarse al agua.

Cenote Azul

El **cenote Azul** (foto) es uno de los más fáciles de visitar, pues está junto a la carretera principal. Además, es uno de los atractivos naturales más bellos de la zona. Se puede saltar desde el pequeño acantilado a las aguas claras de la parte honda o bucear entre las rocas del lado menos profundo.

FILIPPO CARLOT/SHUTTERSTOCK

Ruta de los Cenotes

Unos 35 km al noreste de Playa del Carmen está el desvío a la **Ruta de los Cenotes,** una carretera forestal que pasa por más de una decena de rincones preciosos para nadar. Se necesita coche para explorar bien la zona. Se empieza en **Siete Bocas,** con una parte subterránea y un cenote al aire libre al que se puede saltar desde unos salientes. Unos 10 km al oeste, **La Noria** es un cenote cavernoso con estalactitas; si se paga algo más, se podrá disfrutar de las tirolinas o los paseos a caballo. En el cercano **Zapote Ecopark** se puede pasar medio día. Es un parque con cuatro cenotes (dos abiertos y dos cerrados) y algún que otro extra, como tirolinas acuáticas.

UNA PAUSA
Si se va a Yal-Kú o a la Ruta de los Cenotes, hay que parar en Akumal, un bonito pueblo con agradables restaurantes, como **La Buena Vida,** junto al mar.

 **CIRCUITO A PIE**

A pie por Playa del Carmen

Un paseo por el corazón de esta ciudad costera lleva por plazas fotogénicas, galerías solitarias y arte oculto, además de muchos locales donde comprar o picar algo. Se aconseja salir por la mañana para ver el lado más tranquilo de la ciudad, o bien hacia el final del día, cuando la música llena el aire y las calles cobran vida.

INICIO	FINAL	DURACIÓN
Parque Los Fundadores	Palacio Municipal	1 km; 1 h

1 Plaza animada

El **parque Los Fundadores** domina el extremo sur de la Quinta Avenida. Es una plaza arbolada donde se toma el pulso a la ciudad, con puestos de agua de coco y fruta fresca, turistas haciendo cola para sacarse fotos junto al letrero gigante de "Playa del Carmen" y artistas callejeros que derrochan talento musical o acrobático.

2 Telón de fondo escultural

En la parte del parque que da al mar, se alza una escultura colosal: el **Portal Maya.** Sus figuras retorcidas rinden homenaje a los elementos de la costa por antonomasia: el agua (izda.) y el viento (dcha.). Los aros evocan el precolombino juego de pelota.

3 Capilla fotogénica

Al salir del parque, hay que echar un vistazo a la **capilla de Nuestra Señora del Carmen,** un edificio blanco de estilo colonial dedicado a la patrona de los pescadores. Es de la década de 1960, cuando el pueblo contaba con unos 300 habitantes (casi todos marineros). Hoy tiene más de 300 000.

4 El trepidante corazón de Playa

Se gira a la derecha por el tramo peatonal de la **Quinta Avenida** para admirar las vistas. Las dos manzanas que siguen están llenas de restaurantes al aire libre, cuyo *rock* y salsa en directo alegra las terrazas de noche. También hay artistas callejeros, desde bailarines de *breakdance* a grupos folclóricos.

5 Galería de arte

Pasada la calle 6, una estrecha calleja lleva a la **Gastón Charó Gallery,** que expone cuadros, esculturas, fotografía y joyas de más de 40 artistas mexicanos e internacionales. También exhibe obras del fundador que le da nombre, entre ellas varias esculturas surrealistas.

6 Punto de encuentro

Se gira por la calle 8 para ver *Equilibrio,* un onírico mural del artista mexicano Senkoe. Dos manzanas más arriba, la **plaza 28 de Julio** suele acoger conciertos, grandes mercados o eventos de temporada (como las coloridas celebraciones del Día de Muertos o Navidad). A quien viaje con niños, le gustará el parque infantil.

7 El gran mural de Playa

De cara a la plaza se alza el discreto edificio del **Palacio Municipal.** Hay que saludar a los guardias y entrar en el patio, donde un enorme mural (29x9 m) representa los hitos de la historia y la mitología maya, así como los monumentos emblemáticos de Playa, entre ellos las **ruinas de Xaman-Há,** la capilla de Nuestra Señora del Carmen y el propio Palacio Municipal.

EXPERIENCIAS

Vivir el ambiente de la playa principal PASEO MARÍTIMO

PLANO: **1** P. 88 **B7**

Uno de los destinos más animados de Playa está en las arenas doradas al norte del **parque Los Fundadores.** La franja de 500 m que va desde ese lugar hasta el restaurante del Zenzi Beach (p. 97) es un paraíso marítimo de comida y bebida, tumbonas de alquiler y toda clase de actividades dentro y fuera del agua, desde construir castillos de arena o retozar en las olas hasta jugar a pádel o buscar conchas en la playa.

Puesta de sol en la playa 88 PLAYA

PLANO: **2** P. 88 **F1**

Al pasear en dirección norte desde el Muelle Constituyentes, el gentío va menguando y se llega a la **Playa 88,** un precioso tramo semiagreste de arena ancha y limpia rodeado de palmeras y matorrales costeros, todo lo cual le granjea la Bandera Azul. Es un lugar ideal para ver la salida del sol. Se accede por la calle 88.

Huir del mundanal ruido en Punta Esmeralda PLAYA

PLANO: **3** P. 88 **F1**

Desde la playa 88, hay que caminar 1 km hacia el norte hasta **Punta Esmeralda,** un bello rincón en el extremo septentrional de la ciudad. También luce la Bandera Azul y ofrece suave arena blanca y muchísimo espacio. Cuenta con una

pequeña piscina natural, perfecta para que chapoteen los niños (o los adultos). Se puede llegar en un agradable paseo en bici, pues solo queda a unos 4 km del centro de la Quinta Avenida.

Pasear por la familiar Playacar PLAYA

PLANO: **4** P. 88 **A8**

Al sur del centro hay varios rincones costeros con mucho encanto. Nada más pasar el muelle de los ferris (al sur del parque Los Fundadores), hay que descalzarse y pasear por las cuidadas arenas de **Playacar.** Al estar recortada contra bloques de pisos y resorts exclusivos, parece privada, pero está abierta al público, siempre que se llegue por la orilla. Su invitadora arena y aguas poco profundas son ideales para las familias, y están libres de la música de los clubes del norte.

Fotografiar ruinas mayas YACIMIENTO ARQUEOLÓGICO

PLANO: **5** P. 88 **A8**

Justo al lado de Playacar (a unos minutos a pie del muelle de los ferris), un pequeño desvío lleva a las ruinas de **Xaman-Há** (gratis). No hay cartelas en el yacimiento, pero vale la pena visitarlo por sus restos evocadores, que quizá incluso se disfrutarán a solas. Se cree que Xaman-Há, que significa "agua del norte", data de mediados del s. XIII. Los bajos edificios que se conservan, casi engullidos por los árboles circundantes, fueron en su día un punto de partida del peregrinaje maya a la isla de Cozumel, sede de un templo dedicado a Ixchel, la diosa de la Luna y la fertilidad.

La vida de Frida Kahlo   MUSEO

PLANO: **6** P. 88 **C6**

La entrada es cara, y además no tiene obras originales de la célebre pintora, pero en el pequeño **Museo Frida Kahlo Riviera Maya** *(adultos/niños 350/90 MXN)* Kahlo cobra vida. Sus guías expertos repasan sus momentos más relevantes con ayuda de la obra de otros artistas mexicanos (algunos de Playa del Carmen). Un corto de animación capta el trauma del accidente que la marcó de por vida, y una réplica de la cama donde pasó la convalecencia proyecta imágenes fantásticas sobre una pared llena de mariposas que actúan como espejos. En otro espacio se pueden observar escenas de su vida en miniatura por unos agujeritos.

El reino del chocolate   MUSEO

PLANO: **7** P. 88 **C3**

Como indica su nombre, **Choco-Story** *(choco-storymexico.com; adultos/niños 210/110 MXN)* ofrece un viaje por la historia del chocolate. Sus siete salas muestran las distintas facetas de este popular bocado, desde su papel en el comercio y los rituales mayas hasta los salones de la realeza europea del s. XVIII. Las salas son temáticas y cada una representa una escena

LAS MEJORES ACTIVIDADES

Aloha Paddle Club

PLANO: **8** P. 88 **C6**

Circuitos de surf de remo al amanecer y alquiler de tablas para explorar la costa por libre. En el Fusion (p. 96).

Phantom Divers

PLANO: **9** P. 88 **D5**

Pionero del buceo con tiburones toro (nov-mar). Tiene una sólida reputación por sus inmersiones dobles. También lleva a bucear en cenotes.

Dani Sailing

PLANO: **10** P. 88 **F3**

Paravelismo o una excursión en catamarán de 2 h con una parada para hacer esnórquel. En el Mamita's Beach Club.

(una, un macabro sacrificio humano), y también hay réplicas de hallazgos arqueológicos fascinantes (como un mortero de 5500 años en forma de grano de cacao que se descubrió en Ecuador y se cree que servía para preparar brebajes alucinógenos). Se ofrecen audios explicativos. La visita termina en una salita de producción moderna donde se puede probar el cacao desde su forma más pura a la más elaborada, e incluye chocolate con leche, sin leche y blanco. La tienda de regalos vende todo tipo de chocolates.

Lo mejor para...

$** Económico **$$** Medio **$$$ Alto

Comer

Desayuno y café

Chez Céline $$

11 E2

Panadería francesa popular por sus desayunos buenos y sanos, y su repostería exquisitamente hojaldrada. *7.30-23.30*

Choux Choux Cafe $$

12 C3

Invitador local entre rústico y chic con tostadas, huevos Benedict, bocadillos, batidos y cafés creativos. *7.00-17.30 lu-sa, hasta 14.30 do*

Francesca $$

13 E1

Rica repostería, tortillas, *lattes* espumosos y zumos vitamínicos en una panadería de regencia italiana. *7.30-22.30 lu-sa, hasta 14.30 do*

Ah Cacao $$

14 E3

Pequeña cadena de Playa con cuatro locales (todos en la Quinta Avenida). Suma fans por sus mocas,

chocolates calientes y postres. *7.15-23.15*

Con jardín

La Cueva del Chango $$$

15 F2

Ingredientes frescos y naturales en una asilvestrada palapa o un verde jardín. *8.00-22.00 lu-sa, hasta 14.00 do*

La Perla Pixán $$$

16 F2

Otro restaurante encantador al aire libre en la calle 38, con platos sensacionales de Yucatán, Oaxaca y otros lugares. *8.00-24.00*

A buen precio

El Fogón $

17 C3

Local pintoresco, alegre y muy informal donde los lugareños toman jugosos tacos, sobre todo al pastor (de cerdo marinado). *13.00-24.00*

Asadero El Pollo $

18 A6

El aroma de la parrilla lleva a este austero local donde los vecinos hacen cola por su pollo ahumado (medio o

entero), servido con arroz, salsas y tortillas. *10.00-18.00*

Sabores internacionales

Falafel Nessya $

19 B6

Pequeño restaurante que sirve magníficos y contundentes bocadillos o platos de falafel (con hummus y patatas fritas). *12.00-23.00*

Kobma $$

20 D4

Local evocador de cocina asiática: curris tailandeses, *ramen* de panceta de cerdo, rollitos de primavera vegetarianos y *sushi*. *16.00-23.00*

La Famiglia $$

21 C5

Soberbia *pizza* en horno de leña y pasta casera, raviolis y ñoquis. Playa es un hervidero de restaurantes italianos, pero este se cuenta entre los mejores. *11.00-23.00*

Frente al mar

Fusion $$

22 C6

Restaurante y bar de playa de ubicación ideal

Localizaciones en el plano de la **p. 88**

on vistas al mar y una
buena selección de
escado, marisco, clási-
os mexicanos y platos
encillos. *9.00-18.00*

La Tarraya ❸❸
 C7

no de los restaurantes
más antiguos de Playa.
irve buen pescado
marisco a precio
azonable frente a la
rena (cerca de la calle 2
orte). *12.00-20.00*

Beber

Música en directo

Zenzi Beach
24 **D5**

Club de playa y restau-
ante excelente para
omarse un cóctel en la
rena. Programa música
en directo casi todas las
noches. *9.00-1.00*

La Bodeguita
del Medio
25 **E2**

Este bar restaurante
ubano es todo un
cono de la Quinta
Avenida. Ofrece salsa o
azz cubano en directo
casi todas las noches.
2.00-1.30

Cócteles

El Tigre
26 **B6**

Versión sofisticada de
una cantina mexicana,
con un interior *vintage*
muy chic y sabrosos ten-
tempiés para acompañar
los cócteles. *15.00-23.00*

Dirty Martini
27 **C5**

Local predilecto de expa-
triados, con una clientela
agradable y martinis
perfectos (dos por uno
los martes). *15.00-2.00*

Cerveza artesanal

Chela de Playa
28 **F2**

Fábrica artesanal de
Playa de Carmen con
terraza arbolada y cerve-
zas selectas. *12.00-24.00*

Club de la Cerveza
29 **E2**

Espléndida cerveza
que no se encuentra
en ninguna otra parte e
incluye una selección
cambiante de barril.
En la Quinta Avenida.
16.00-1.00

Colectivo Mexicano
Cervecero
30 **F1**

Gastropub centrado en la
cerveza artesana regio-
nal, que casa bien con
sus tacos de camarones
o pescado. *16.00-1.00*

Comprar

Telas y artesanía

Guerrero Corazón
31 **A7**

Invitadora tienda algo
apartada que rinde
homenaje a la tradición
artesanal de Guerrero:
joyas, juguetes, bolsos
de fibras naturales,
fragancias y productos
para el cuidado de la piel.
9.00-19.00

Rosalía Textiles
Mayas
32 **C5**

Enorme tienda de la
Quinta Avenida con
mantas, manteles, blusas
y vestidos bordados, y
demás artículos de
artesanos de Chiapas.
8.00-1.00

Hamacamarte
33 **E2**

Tiendecita de la calle 38
con un buen surtido
de coloridas hamacas
hechas a mano, fundas de
almohada, manteles indi-
viduales, bolsas, tablas
de cortar y otros objetos
artesanales. *9.00-21.00*

Bacalar

Bacalar es un pueblecito encantador con vistas a una pintoresca laguna en la punta sur de la península. De día es ideal para navegar, hacer kayak o nadar. De noche, para cenar y salir de copas por el paseo marítimo o sumarse a los vecinos en la plaza principal, con puestos de comida, música y artesanía.

CONSEJO
Hay que llegar en tren o autobús. La estación del Tren Maya está a 5 km del centro (un taxi cuesta 50 MXN) y la de los autobuses de ADO 2 km al norte de la plaza principal.

Circuitos en barco
La excursión más popular de Bacalar es un circuito en barco que pasa por varios rincones preciosos de la laguna. Muchas agencias, como DayTour Bacalar (con sede en la **Casa China**), ofrecen estas salidas. Lleva hasta el cenote Negro (la parte más honda), a nadar al canal de los Piratas, y a la isla de los Pájaros para nadar otro rato y observar aves. Dura 3 h y cuesta unos 450 MXN en una lancha pequeña y 800 MXN en velero. Después se puede remar por la laguna en kayak *(gratis)* o subir a una torre parecida a un faro con vistas al agua.

Aventuras a remo
Con poco viento, la laguna se puede explorar por libre en kayak o surf de remo. Si pega el sol, toca bañarse en un sitio poco profundo. Hay que respetar las zonas protegidas, que están acordonadas (como la isla de los Pájaros, por ejemplo). Muchos alojamientos frente a la laguna, como **Yak Lake House,** alquilan el equipo necesario. También hay salidas para remar al alba, un modo estupendo de empezar el día.

El bastión de Bacalar
El imponente **fuerte de San Felipe** *(110 MXN; foto),* una fascinante reliquia del s. XVIII, está a

GUAJILLO STUDIO/SHUTTERSTOCK

unos pasos de la plaza principal. Por sus gruesos muros de piedra asoman numerosos cañones. Para hacerse una idea de lo difícil que era penetrarlo, basta con imaginarse el foso lleno (hoy está seco). Un macizo edificio aloja un pequeño museo digno de una visita. Expone cerámica y esculturas de civilizaciones precolombinas (como un insólito pájaro fálico), mosquetes, un astrolabio y maquetas de barcos. El fuerte tiene un horario muy amplio *(10.00-19.00 ma-do),* por lo que es idóneo para ver la puesta de sol, que a veces pinta el cielo de rojo.

Paseo por la naturaleza

En la laguna, menos de 1 km al norte del fuerte, está la entrada al **Balneario Ecológico** *(20 MXN).* Esta pasarela discurre sobre el agua y entre mangles y pequeños estromatolitos (las formaciones

UNA PAUSA
Bacalar tiene buenos restaurantes, pero **La Playita** destaca por su amplio jardín tropical y terraza frente al agua. Se puede nadar en su embarcadero.

RUTA EN BICI
Pro Seal organiza circuitos incomparables a las comunidades mayas, con paradas en la selva para ver fauna. Se contacta por WhatsApp *(+52 983 156 5413)*.

color arena parecidas a rocas que se ven a la izquierda), formando un cuadrado de unos 400 m. Uno puede bañarse, como hacen muchos mexicanos, u observar a los pequeños cocodrilos que asoman entre el follaje cerca de la orilla. También se pueden ver garzas morenas, garcetas grandes y otras aves, sobre todo a última hora de la tarde.

Relax junto al agua

Si las zonas de baño del centro están abarrotadas, hay que ir al más tranquilo **Cocalitos** *(adultos/niños 100/50 MXN)*. Tiene agua poco profunda, estromatolitos y césped para tumbarse. No hay restaurante ni bar, pero se puede llevar comida y bebida. Queda a un agradable trayecto de 4,5 km

SAILINGSTONE TRAVEL/SHUTTERSTOCK

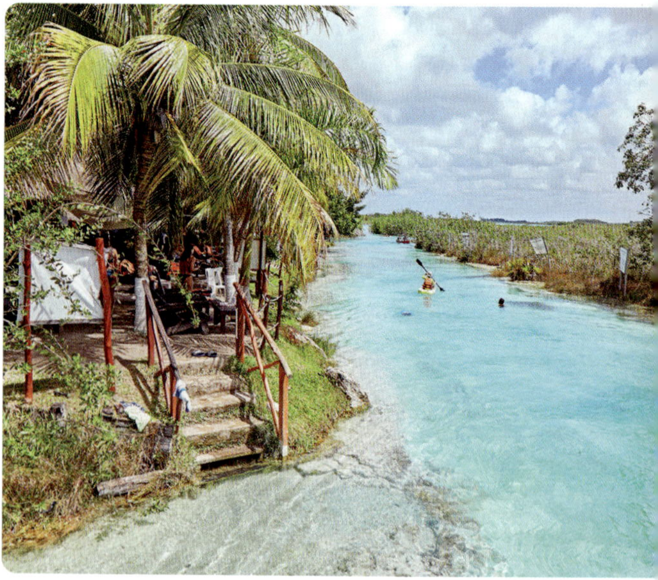

al sur del centro, justo antes de girar la curva para el cenote Azul.

Flotar por los rápidos

Una forma original de descubrir el atractivo de Bacalar es dejarse llevar flotando por **Los Rápidos** *(rapidosdebacalar.com; adultos/niños 200/150 MXN; foto)*, una estrecha parte de la laguna salpicada de estromatolitos. Tras pagar la entrada, se sigue la pasarela a la derecha unos 400 m, se salta al agua y se flota hasta el punto de partida. Hay un restaurante frente al agua y **kayaks de alquiler** *(individual/doble 200/400 MXN 1 h)*. Los Rápidos están 14 km al sur del centro (unos 20 min en coche). Los taxis cobran 200 MXN por trayecto.

Noches en la plaza

Cuando el sol se pone y los zanates entonan su canto vespertino (a veces, un estruendo) en la **plaza principal**, Bacalar es como un rincón encantado de Yucatán. Las parejas pasean bajo guirnaldas de luces colgadas en los árboles y los puestos de comida ofrecen toda clase de tentaciones: empanadas argentinas (y sándwiches de carne asada), tlayudas oaxaqueñas (crujientes tortillas con distintos ingredientes), marquesitas (una especie de crepe), elotes (mazorcas), churros y batidos. También hay numerosos puestos de artesanía; es un sitio estupendo para apoyar el talento local.

Cenote Azul

El **cenote Azul** *(100 MXN)*, oculto tierra adentro cerca de la laguna y rodeado de espeso bosque, es un lugar precioso para nadar en aguas de hasta 90 m de profundidad (se suministran chalecos salvavidas). Está unos 5 km al sur del centro; se puede llegar en un agradable paseo en bici por la carretera principal. También hay un pequeño restaurante.

ARTISTAS DE BACALAR
El Colectivo de Artistas en Bacalar (**CAB**), con dos sedes en el pueblo, ofrece cerámica, cuadros y ropa de calle originales realizados por artistas de la comunidad. Contacto: @cab_colectivo.

MÚSICA EN DIRECTO
Uno de los locales más animados cerca del agua es el bar restaurante **La Catrina,** que atrae a amantes del baile con su salsa o cumbia en directo el fin de semana.

Sugerencias
de lugares para
comer, beber
y comprar en
p. 118

Explora
Tulum

La espectacular costa de Tulum, con su arena de azúcar glas, agua azul cobalto y cálida brisa, es uno de los mejores destinos de playa de México. A su atractivo se suman las imponentes ruinas mayas sobre la orilla, parte de la gran reserva natural del Parque del Jaguar. También tiene rincones excelentes para el buceo y el submarinismo, cenotes tentadores y una animada vida nocturna cerca y lejos de la playa. Tulum ofrece dos caras muy marcadas: los elegantes clubes de playa de la Zona Hotelera, que apuestan por el glamur y el lujo, y el bullicioso centro, que a veces recuerda más a una parada de camiones que a un paraíso tropical.

Cómo desplazarse

Autobús
La estación de autobuses de ADO está en la avenida Tulum, muy céntrica. Ofrece un servicio a la estación del Tren Maya.

Colectivo
Los colectivos pasan con frecuencia por la avenida Tulum hacia el Parque del Jaguar y Playa del Carmen. Los que van a la playa salen de la esquina de Venus Oriente y Orión Sur.

Bicicleta
Es un buen modo de recorrer los 5 km que hay entre el pueblo y la playa. Se puede alquilar en iBike Tulum o CicloBike *(150 a 200 MXN diarios)*.

LO MEJOR

RUINAS MAYAS
El Castillo (p. 106)

PLAYA
Playa Pescadores (p. 109)

RESERVA NATURAL
Sian Ka'an (p. 115)

BUCEO
Laguna Yal-Kú (p. 116)

CÓCTELES
Batey (p. 115)

Reserva de la Biosfera Sian Ka'an (p. 115).
SAILINGSTONE TRAVEL/SHUTTERSTOCK

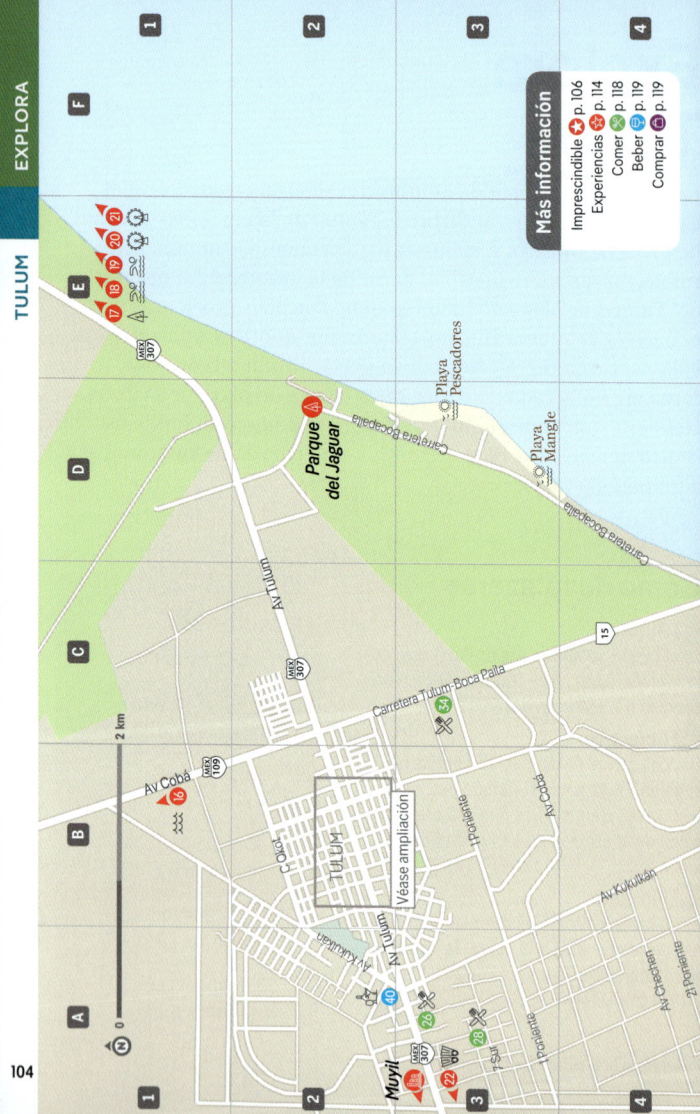

Más información

★ Imprescindible ● p. 106
✪ Experiencias ● p. 114
✕ Comer ● p. 118
● Beber ● p. 119
🛍 Comprar ● p. 119

Parque del Jaguar

Playa Pescadores

Playa Mangle

Carretera Bocapaila

Carretera Bocapaila

MEX 307

Av Tulum

Carretera Tulum-Boca Paila

15

MEX 307

Av Cobá

MEX 109

Av Cobá

Av Tulum

C OrKat

TULUM

Véase ampliación

1 Poniente

Av Cobá

Av Kukulkán

Av Tulum

Av Kukulkán

Av Chechan

2 Poniente

1 Poniente

7 Sur

Muyil

MEX 307

2 km

0

N

17 18 19 20 21

22 23 28

40

MAR
CARIBE

Papaya Playa
Project

Playa Punta
Piedra

La Eufemia

Ziggy's

Géminis Norte

Satélite Norte

Centauro Norte

Orión Norte

Beta Norte

Osiris Norte

Alfa Norte

Av Tulum

Satélite Sur

Batey

Centauro Sur

Orión Sur

Beta Sur

Osiris Sur

Plaza
principal

Alfa Sur

Sol Oriente

Satélite Sur

Venus Oriente

Sol Oriente

Av Tulum

Centauro Norte

Orión Norte

Beta Norte

TULUM

Osiris Norte

Alfa Norte

Sagitario Poniente

Polar Poniente

2° Poniente

Sagitario Poniente

Polar Poniente

Av Tulum

Mexico Kan
Tours

La Guarida

La
Calypso

La

Community Tours
Sian Ka'an

Andrómeda Oriente

Carretera Tulum-Boca Paila

Delek
Sana Sana Cafe
Akin
Sian Kite Tulum

Kapen-Ha

Av Kukulcán

Av 65 Sur

35 Poniente

39 Poniente

200 m

0

★ IMPRESCINDIBLE

Parque del Jaguar

Este parque abrió en el 2025 tras varios años de obras. Contiene playas protegidas, torres de avistamiento, pistas forestales y un museo con piezas mayas. Su mayor atractivo son las "ruinas de Tulum", una zona arqueológica que combina templos y monumentos prehispánicos con vistas fascinantes del Caribe.

PLANO: P. 104 **D2**

CONSEJO
Pasar el día entero, visitar las ruinas en cuanto abran (antes de que se llenen), explorar el resto del Parque del Jaguar y rematar la jornada en la playa. La entrada cuesta 350 MXN (450 MXN con la visita a las ruinas). Acceso a la playa: 8.00-18.00; museo y ruinas: 9.00-15.30.

El Castillo

Este imponente edificio de 8 m de altura junto al acantilado fue en su día un faro que guiaba a puerto los barcos mayas. Las aspilleras de la planta superior ardían de noche con el fuego encendido. Los españoles dieron a esta atalaya el oportuno nombre de **El Castillo.** Las representaciones toltecas de Kukulcán (serpiente emplumada) en las esquinas evocan las de Chichén Itzá.

Templo del Dios Descendente

Este **templo** debe su nombre a una figura en relieve del dios homónimo, representado en un nicho sobre la puerta del edificio. Tiene las piernas separadas y hacia arriba, los brazos abiertos debajo y un tocado sobre el rostro. En las manos sostiene un objeto sin identificar. Los muros y la puerta muestran una ligera desviación creada a propósito por los constructores mayas.

Casa del Cenote

Esta casa, donde se halló una pequeña tumba, recibe su nombre por la pequeña poza de la parte sur, construida sobre una fuente de agua vital para la ciudad. Se puede entrar y asomarse al agua, en cuyas turbias profundidades a veces se vislumbra algún pececillo plateado.

Templo de las Pinturas

Con sus columnas, tallas y estructura de dos plantas, este templo fue uno de los más historiados de Tulum. La fachada de la parte baja tiene máscaras en relieve y esculturas, y en el muro interior hay murales de colores en parte restaurados, pero apenas se distinguen. Es posible que este fuera el último edificio que construyeron los mayas antes de la conquista española.

Templo del Dios del Viento

Este **edificio** de dos plantas se alza en solitario sobre un promontorio frente al mar. Es insólito por su base redonda, asociada a Kukulcán, la

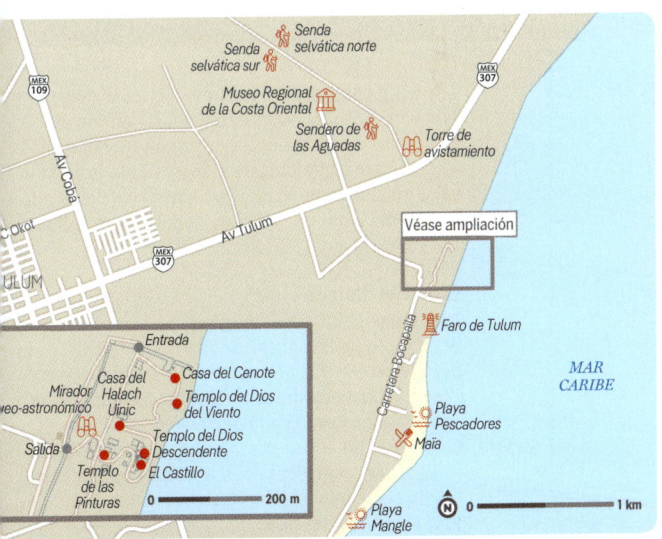

WALKABOUT PHOTO GUIDES/SHUTTERSTOCK

serpiente emplumada del dios del viento maya. Tiene un pequeño altar e indicios de que se usó con fines ceremoniales hasta principios del s. xx. Cuenta la leyenda que, cuando el viento le arrancaba un silbido en lo alto, los mayas corrían a refugiarse, pues era señal de que llegaban tormentas y huracanes.

Casa del 'halach uinic'

Esta **casa** de buen tamaño está a un breve paseo del templo de las Pinturas (foto). Se llama así porque en ella vivía el soberano y sumo sacerdote. Pese a estar parcialmente en ruinas, se adivina la escalera que llevaba a la entrada, decorada con columnas. En el portal se distingue una imagen de estuco: otra representación del dios descendente, tal vez relacionada con el venerado dios de las abejas, Ah Muzen Cab.

Mirador arqueo-astronómico

Hay un **mirador** fantástico con vistas a las ruinas que no aparece en casi ningún mapa. Para llegar, hay que girar a la derecha pasado el templo de las Pinturas e ir al oeste (tierra adentro) hasta una explanada que brinda vistas de El Castillo y los templos aledaños. Un cartelito indica la perfecta alineación de los edificios en relación con los solsticios y los equinoccios. Al amanecer del solsticio invernal, los rayos del sol penetran por una abertura en lo alto del templo del Dios Descendente.

Playas

El Parque del Jaguar protege varias franjas de arena bellísimas. Unos 300 m después de las ruinas, se llega al **faro de Tulum,** réplica de uno anterior y que brinda una bonita vista de la costa. Un sendero lleva a la playa de arena, donde se puede dar un paseo de 1,5 km al sur para ir a la **playa Mangle** y a otra rocosa algo más lejos. Se puede acceder a la costa por otros puntos, como la popular **playa Pescadores** (foto en p. 110), donde varios restaurantes sirven pescado, marisco y bebidas, y además alquilan tumbonas y sombrillas.

A lo largo del día, de allí salen varios **circuitos en barco** *(60/90 min 300/500 MXN aprox.)* que ofrecen vistas a las ruinas y una parada para hacer esnórquel.

Museo

El **Museo Regional de la Costa Oriental** tiene dos salas con luz natural y objetos mayas que se ven en 30 min. Su mezcla de piezas originales y reproducciones arroja luz sobre la mitología, la cultura (sacrificios humanos, rituales funerarios, juegos de pelota), la astronomía y el calendario maya. Entre ellas se cuentan fina piedra labrada, joyas de jade y mascarones arquitectónicos.

UNA PAUSA
Se puede desayunar, almorzar o tomar una copa con vistas al mar cerca de la playa Pescadores. **Maïa** ofrece fruta con cereales, ensaladas, enchiladas y platos para compartir, con opciones vegetarianas.

LOES KIEBOOM/SHUTTERSTOCK

Torre de avistamiento

Esta **torre** a unos 800 m del museo ofrece unas curiosas vistas desde un mirador circular sin techo a unos 10 m del suelo. Varias cartelas informan sobre elementos arquitectónicos singulares, las técnicas de navegación mayas, y la fauna y flora de la región.

Senderos

Entre la torre de avistamiento y el museo, se encuentra el **sendero de las Aguadas,** un camino de 700 m que lleva por el bosque hasta un pequeño humedal. Al norte del museo hay más caminos: la **senda selvática sur,** de 1,4 km, y la **senda selvática norte,** de 950 m. La mañana es el mejor momento para ver aves, como bienteveos sociales, tiranos melancólicos y bienteveos comunes.

★ **IMPRESCINDIBLE**

Muyil

Habitado por primera vez en el año 300 a.C., fue el asentamiento maya más importante de la actual Reserva de la Biosfera Sian Ka'an. Hay que visitar sus ruinas *(80 MXN)*, pasear por el bosque y salir en barco y a nadar *(1000 MXN)*.

Ruinas

PLANO: P. 104 **A3**

Cerca de la entrada, la **Estructura 7H-3** contiene vestigios de murales, así como típicos elementos mayas de la costa oeste, como techos abovedados y columnas con dinteles. Un caminillo lleva al edificio más imponente de Muyil, **El Castillo** (Estructura 8I-13), con 17 m de altura.

Paseo forestal y mirador

Después de ver las ruinas, se sigue la pista forestal de 500 m. La mejor hora para ver fauna es por la mañana temprano o al final de la tarde. A medio camino, un **mirador** de madera regala vistas de la jungla y las lagunas del este.

En barco y a nado

Desde el paseo marítimo zarpan barcos que cruzan la laguna de Muyil y llevan por un estrecho canal hasta la laguna Chunyaxché. Amarran a orillas de otro canal, donde se puede nadar, que es lo mejor de un viaje a Muyil. Con un chaleco salvavidas, se flota por aguas cristalinas junto a mangles que se inclinan sobre las aguas y pájaros que pían ocultos en las ramas.

Hay que ir con equipo de esnórquel para ver peces. Basta con relajarse y dejarse llevar, pues la corriente hace el resto en los 800 m de trayecto.

CONSEJO

Hay colectivos a Muyil cada hora en punto (25 min). Salen de una parada una manzana al oeste de la estación de autobuses de Tulum, en la avenida Tulum.

CIRCUITO A PIE

De paseo por Tulum

Casi todo el mundo acude por la playa, pero Tulum Pueblo es un lugar interesante para encontrar tallas de madera, cerámica, joyas y demás artesanía. Pese a su modesta apariencia, la polvorienta avenida Tulum atesora buenas tiendas de artesanía y colmados. Para evitar el calor, hay que visitarla al atardecer.

INICIO	FINAL	DURACIÓN
Bendita Tierra	Mixik	1 km; 1½ h

1 Artesanos de Tulum y alrededores

La diminuta **Bendita Tierra** expone la obra de 15 artesanos, que incluye barro negro (cerámica negra), corazones de latón de San Miguel de Allende, libretas forradas con tela y peculiares pinturas inspiradas en Frida Kahlo. Su propietaria, Elena González Izquierdo, suele andar cerca e ilustrar sobre los creadores.

2 Cerámica y recuerdos

Se gira a la izquierda al salir de la tienda para recargar fuerzas con un café de Cafeína, unas puertas más abajo. O se sigue hasta **Casa Hernández,** en la esquina, que vende a un precio justo muchos recuerdos llamativos, como colorida cerámica pintada de Talavera, telas, joyas de ámbar y arte deliciosamente *kitsch* inspirado en Frida Kahlo.

3 Diseños de Tulum

Al cruzar la calle Centauro Sur se llega a **Tribalik,** una pequeña *boutique* especializada en ropa al desenfadado estilo de Tulum: vestidos, blusas y camisas de excelente lino o algodón liso de tonos terrosos o con motivos selváticos. También hay fedoras, joyas voluminosas y cuadernos de material reciclado.

4 Helado divino

Continuando por la avenida Tulum, se pasa por **Panna e Cioccolato,** un local diminuto (con dos sedes en la ciudad) que nació en la Riviera Maya. Ofrece más de una decena de sabores deliciosos (como chocolate picante, fruta de la pasión o guayaba con queso).

5 Estilo 'vintage'

Se gira en la esquina a la derecha hasta **Honesta Vintage,** la mejor tienda de segunda mano de Tulum. Vende ropa de varias décadas y diseños de material reciclado: telas *vintage* transformadas en tops y botas modernas con tela vaquera. También hay camisas hawaianas, chaquetas de cuero y sombreros originales.

6 Plaza animada

De vuelta en la avenida Tulum, se recorren dos manzanas hasta la plaza principal, el **Parque dos Aguas,** punto de encuentro local, sobre todo de noche. Desde las 16.30 hasta después de las 22.00 hay puestos de artesanía (pulseras de conchas y similares) y de comida con marquesitas (un tipo de crepe), elotes (mazorcas), churros y otras tentaciones.

7 Artesanía única

Otra manzana más abajo está **Mixik,** una alegre tienda llena de arte y artesanía popular, como cajitas con escenas peculiares de esqueletos bailando, tocando música o en la cárcel. También vende tapices, vestidos bordados, bolsos de cuero, joyas y cristalería.

EXPERIENCIAS

Un pedazo de paraíso tropical
PLAYA

PLANO: **1** P. 104 **C6**

Con sus playas de palmeras frente a un mar celeste, Tulum rezuma belleza costera. Unos 10 km de sublime arena blanca se extienden entre la zona arqueológica y la Reserva de la Biosfera Sian Ka'an, con vistas al Caribe, que está limpio y cálido casi todo el año. Desde la carretera principal que cruza la ciudad, la avenida Cobá (carretera 15) lleva hasta la orilla. En la rotonda, la salida de la izquierda conduce a las playas protegidas del Parque del Jaguar (p. 106). La de la derecha lleva a la Zona Hotelera, una vía estrecha y animada con hoteles costeros, clubes de playa y restaurantes.

Unos 1,7 km al sur de la rotonda está la **playa Punta Piedra,** una playa pública que brinda un fácil punto de acceso si no apetece ir a los clubes que hay más al sur. Tiene un pequeño promontorio con vistas de la costa.

Tranquilidad y cenas junto al mar
CLUBES DE PLAYA

El trecho de costa más bonito de Tulum empieza 1 km al sur de la playa Punta Piedra, aunque no se ve gran cosa desde la carretera. Para acceder a la playa, se puede ir a un club de playa (cuya entrada oscila entre 30 y 50 US$ o más, que pueden destinarse a comida o bebida) o a un restaurante en la misma playa, como **La Eufemia** (PLANO: **2** P. 104 **C6**) o **Sana Sana Tulum** (PLANO: **3** P. 104 **B8**). La cena por sí sola no da derecho a usar las tumbonas ni las hamacas, pero, una vez en la arena, se puede ir donde plazca. Algunos clubes populares son **Ziggy's** (PLANO: **4** P. 104 **B7**; *ziggybeachtulum. com*), con ambiente tranquilo, buena comida, hamacas y camas balinesas; el festivo **Akiin** (PLANO: **5** P. 104 **B8**; *akiinbeachclubtulum. com*), con camas balinesas en un lugar privilegiado a la sombra de palmeras y una invitadora piscina, y el tentador y discreto **Delek** (PLANO: **6** P. 104 **B8**; *delektulum.com*), con tumbonas y consumición mínima.

Nadar en un cenote oculto
CENOTE

PLANO: **9** P. 104 **B7**

Quien quiera descansar de playa debe visitar el **Kapen-Ha,** un pequeño cenote rodeado de bosque al que se llega por una pasarela entre manglares. Queda detrás de un pequeño centro comercial (junto al hotel Casa Teka). No se suele cobrar entrada, pero es educado tomar algo en el restaurante.

Los mejores mojitos de Tulum
BAR

PLANO: **10** P. 104 **E7**

La calle Centauro Sur, junto a la avenida Tulum, es el epicentro de la vida nocturna de la ciudad. Hay que empezar en **Batey,** un establecimiento lleno de expatriados con terraza al fondo y música en directo. No hay que perderse la copa de la casa: mojitos con caña de azúcar recién prensada.

DJ y música en directo BAR

PLANO: **11** P. 104 **E7**

La Guarida, a una manzana de Batey, es espléndido para una noche de cócteles, tentempiés y vinos de primera. Tiene varias salas y terrazas distribuidas en varias plantas, y suele ofrecer conciertos de *funk, soul,* flamenco, *reggae* y otros géneros.

Fiesta en la playa BAR

PLANO: **12** P. 104 **C5**

Los clubes de playa de Tulum son más bien diurnos, pero los fines de semana montan fiestas geniales junto al mar, como demuestra el **Papaya Playa Project** *(papaya playaproject.com).*

La fauna de Sian Ka'an RESERVA NATURAL

Diez kilómetros al sur de Tulum, un arco sobre la carretera litoral señala la entrada de **Sian Ka'an** (PLANO: **13** P. 104 **B8**; "Origen del cielo"), una reserva de la biosfera rodeada

LAS MEJORES ACTIVIDADES

Sian Kite Tulum

PLANO: **7** P. 104 **B8**

Clases de *kitesurf* y surf de remo, así como circuitos de 3 h de surf de remo desde un local junto a la playa en la Zona Hotelera de Tulum.

La Calypso

PLANO: **8** P. 104 **D7**

Centro veterano de buceo especializado en inmersiones en Dos Ojos y otros cenotes. También ofrece inmersiones en arrecifes y salidas de esnórquel.

Mexico Kan Tours

véase **15** **E7**

Una de las mejores agencias de Tulum, con una amplia selección de excursiones, como visitas a la Reserva de la Biosfera Sian Ka'an, salidas en bicicleta y observación de aves en la selva.

de selva. Tiene ecosistemas marinos y costeros, y ofrece posibilidades de ver fauna. Por desgracia, no sale muy a cuenta conducir por la

 TULUM ANTES DE LOS ESPAÑOLES

Tulum vivió su apogeo prehispánico a finales del periodo posclásico (1200-1521 d.C.), cuando era una importante ciudad portuaria. Los mayas navegaban por toda la costa y establecieron rutas comerciales hasta Belice. Cuando Juan de Grijalva pasó por allí con su barco en 1518, se quedó atónito al ver la ciudad amurallada, sus edificios pintados de rojo, azul y amarillo, y la fogata que ardía en la atalaya frente al mar. Tres gruesos muros rodeaban Tulum (el cuarto era el mar) y la protegieron durante una época de conflictos entre las ciudades estado mayas.

carretera llena de baches a Punta Allen para visitarla por libre. Casi todas las playas son de acceso privado, y casi todo el trayecto es por el agua. Se recomiendan los operadores **Community Tours Sian Ka'an** (PLANO: **14** P. 104 **D8**; *siankaantours.com.mx*), **Mexico Kan Tours** (PLANO: **15** P. 104 **E7**; *mexicokantours.com*) y **Pixan Ka'an** (*siankaantours.org*). Todos organizan salidas desde Tulum para pasar el día en barco por la bahía (en busca de delfines y tortugas marinas), avistar pájaros en los manglares y hacer esnórquel en el arrecife, con un alto para almorzar en el pueblo costero de Punta Allen. Las excursiones de un día cuestan entre 160 y 200 US$.

Observación de fauna y tirolinas ECOTURISMO COMUNITARIO

PLANO: **16** P. 104 **B1**

Punta Laguna (*puntalagunamx. com*), unos 20 km al noreste de Cobá, brinda una excelente excursión cuando se visitan los templos de Cobá, pero se necesita coche. Su pequeña comunidad maya dirige un proyecto de ecoturismo en los bosques llenos de fauna que rodean la deslumbrante laguna. Casi todo el mundo escoge el paquete de aventura (*1000 MXN/ persona; solo efectivo*), que permite ver monos araña en el bosque, ir en barco por la laguna y disfrutar de una tirolina de 240 m. Se remata con un descenso en rápel al cenote Calaveras.

Esnórquel con tortugas marinas RESERVA NATURAL

PLANO: **17** P. 104 **E1**

Akumal, el "lugar de las tortugas" en maya, hace honor a su nombre. En el tramo de costa que protege el **Parque Natural Tsúuk Akumal** (*tsuukakumal.com; 140 MXN*), las tortugas marinas acuden a alimentarse en las claras aguas de una playa rodeada de palmeras.

Para llegar a la reserva acuática más allá de la playa, hay que contratar un circuito guiado para hacer esnórquel (*desde 800 MXN, equipo incl.*). Un guía certificado nada con los viajeros por la reserva marina. Se recomiendan los operadores **Marine Life Akumal** (*instagram.com/marine. lifemx*) y **Akumal Dive Shop** (*akumaldiveshop.com*).

Akumal está 30 km al norte de Tulum, junto a la carretera a Playa del Carmen. Para visitarlo, hay que reservar un circuito de las agencias de Tulum y Playa del Carmen o contratar directamente a uno de los guías que hay cerca del acceso a la playa. En un complejo frente a la entrada a la reserva hay sitios correctos para comer o picar algo.

Actividades acuáticas en la laguna Yal-Kú NATACIÓN

PLANO: **18** P. 104 **E1**

Esta invitadora **laguna** (*yalkupark.com; adultos/niños 300/220 MXN*) está unos 2 km después del Parque Natural Tsúuk Akumal. A veces se avistan tortugas, pero es más conocida por sus abundantes peces, que en las aguas cristalinas se ven especialmente bien. Se puede alquilar chaleco salvavidas y equipo de esnórquel. Tanto en la laguna como en el parque natural está prohibida la crema solar; se aconseja vestir ropa adecuada para protegerse del sol y buscar la sombra una vez fuera del agua.

Esnórquel en Xcacel   PLAYA

PLANO: **19** P. 104 **E1**

Unos 20 km al norte de Tulum, en el lado este de la carretera principal, un pequeño camino de tierra lleva a la pronunciada bahía de **Xcacel** *(110 MXN)*. Esta pintoresca playa es ideal para hacer esnórquel (hay que llevarse el equipo). Además, es uno de los lugares de anidación de tortugas bobas y verdes más importantes de Quintana Roo. Una comunidad local dirige el recinto. Está prohibido entrar crema solar, comida y bebida *(excepto fruta y agua; 10.00-16.00, cerrado lu)*.

Un día en Xcaret   PARQUE DE ATRACCIONES

PLANO: **20** P. 104 **E1**

Xcaret *(xcaret.com; adultos/ niños 133/100 US$)* es un popular parque de aventuras donde se puede pasar todo un día nadando en ríos subterráneos, descansando en la playa y en piscinas naturales, y visitando un acuario, un mariposario y un aviario. También

ofrece espectáculos con voladores (bailarines suspendidos de un poste muy alto), y además hay comida tentadora. Queda 58 km al norte de Tulum.

Vivir aventuras en Xplor   PARQUE DE ATRACCIONES

PLANO: **21** P. 104 **E1**

Muy cerca de Xcaret se encuentra **Xplor** *(xplor.travel; adultos/ niños 150/113 US$)*, un parque de aventuras para montar en tirolina, conducir por la selva en todoterrenos anfibios, remar bajo estalactitas en un río subterráneo, y nadar y caminar por cuevas. La entrada incluye un almuerzo de bufé libre, tentempiés y bebidas.

Sumergirse en otro mundo   CENOTE

PLANO: **22** P. 104 **A3**

Los buceadores acuden al espectacular **cenote Angelita** por la original, curiosa —e inquietante— capa de ácido sulfhídrico que "nubla" el agua a medio descenso. Al alzar la vista hacia la superficie, se ve cómo se filtra la luz del sol entre las viejas ramas sumergidas. Es una visión maravillosamente espeluznante; son como brazos de bruja extendidos. La inmersión es profunda y solo apta para submarinistas curtidos. Se puede organizar a través de un centro de buceo, como La Calypso (p. 115), que goza de una excelente reputación.

Lo mejor para...

$ Económico $$ Medio $$$ Alto

Localizaciones en el plano de la **p. 104**

Comer

Puestos de comida y tentempiés

Asado Argentino $

 23 F6

Uno de los muchos puestos nocturnos cerca de Pemex (junto a Géminis Norte). Sirve un exquisito bistec a la parrilla. *17.00-1.00*

Tacos y Tortas El Tío $

24 F7

Elabora sabrosos tacos y otras delicias para picar en una calle llena de puestos. *18.00-2.00 lu-sa*

La Reyna de Michoacán $

25 D8

Sirve tentempiés frente al Parque Dos Ojos y es famosa por su amplio surtido de paletas (polos). *8.00-23.00*

Cafés y panaderías

Ki'Bok $$

 26 A3

Para disfrutar de un *chai latte* o un *flat white* (junto con un contundente desayuno o almuerzo)

en su tranquilo jardín. *7.00-17.00*

La Fournée $$

27 D7

Cruasanes de mantequilla, zumo de naranja fresco y bocadillos, todo lo cual sabe mejor en su jardín. *7.00-15.00 do-vi*

Ma Cherie $$

28 A3

Bonito café francés en La Valeta con repostería divina, tostadas, ensaladas, quiches y otros platos de *brunch* y de almuerzo. *9.30-15.00*

Pescado y marisco

La Negra Tomasa $$

29 E8

A este alegre local ajardinado hay que ir temprano para adelantarse al gentío. Tacos de pescado y marisco, tostadas y platos para compartir. *12.00-23.00*

La Gloria de Don Pepe $$

véase **11** E7

Uno de los sitios más románticos de Tulum. Elabora una espléndida paella marinera e impecables tapas españolas. *14.30-22.30 ma-do*

Sabor de Mar $$

30 F6

Austera marisquería al aire libre al estilo de Sinaloa. Prepara especialidades de la casa y "torres" (a base de camarones o pescado). *12.00-22.00*

Hartwood $$$

31 B8

Restaurante premiado con un menú que cambia a diario, pescado, marisco y productos locales de origen sostenible. *17.30-22.00*

Vegetariana

Raw Love $$

32 C8

Café vegetariano que sirve platos creativos en un frondoso recinto al aire libre de la calle principal. *9.00-20.00*

La Hoja Verde $$

33 D7

Un favorito vegetariano que atrae por su curri de leche de coco, risotto de quinoa y musaca de berenjena y yaca. *8.00-23.00*

Italiana

Casa Sofia $$

34 C3

Cocina italiana auténtica y extraordinaria (sobre

todo el pescado y el marisco) y *pizzas* en horno de leña en un patio muy artístico. *8.00-23.00*

Checkpoint Ciao 💲💲
 B7

Sabrosas ensaladas, deliciosas *pizzas* napolitanas hechas en horno de leña y cremoso tiramisú de pistacho. En la carretera litoral. *11.00-24.00*

Hamburguesas y bistec

Bonita 💲💲
 D8

Sirve jugosas hamburguesas (veganas incl.), pescado con patatas fritas, macarrones con queso, cócteles y cerveza artesanal. *15.00-23.00*

El Asadero 💲💲💲
37 **E6**

Ricos bistecs, como el de la casa: la arrachera. También hay pescado, marisco, burritos vegetarianos y nopal asado. *15.00-22.00*

Frente al mar

La Eufemia 💲
véase **C6**

Favorito de los tulumenses en la propia playa. Ambiente alegre, tacos deliciosos y ceviche intenso. *8.00-20.00*

Kuu 💲💲💲
38 **B8**

El mejor restaurante de *sushi* de Tulum sirve un memorable *omakase*

(menú degustación del chef) en un bonito espacio en la carretera litoral. *18.00 y 20.00 mi-lu*

Beber

Al aire libre

Místico Tulum
39 **E7**

Tranquilo local en un patio trasero con DJ, cachimbas y cócteles selectos, además de noches de fiesta inolvidables. *9.00-2.00*

Palma Central
40 **A2**

Recinto al aire libre con puestos de comida y música en directo de ju a sa. Los ma tocan bandas de salsa (clases gratis a las 19.00). *17.00-23.00 ju-ma*

Discotecas

Bonbonniere
41 **B7**

Club con DJ en la carretera de la playa lleno de fiesteros de punta en blanco. Cobra 1000 MXN aprox. *22.00-4.00 ma-do*

Vagalume
véase **B8**

De día es un club de playa y restaurante. De noche ofrece actuaciones de DJ toda la semana. La entrada arranca en 605 MXN. *12.00-1.00 ma-do*

Comprar

Arte y artesanía

Tuluminart
42 **F7**

Esta pequeña galería vende obras coloridas de artistas de Tulum y material artístico de calidad. *10.00-20.00 lu-sa*

Mexicarte Tulum
43 **D7**

Artesanía hecha a mano, desde cuentas huicholes a catrinas y máscaras de luchador, todo de artesanos mexicanos. *10.00-22.00*

Ropa y accesorios

Tuna Concept Store
44 **E7**

Tienda para descubrir nuevos estilos: camisas de seda con alegres estampados y vestidos, joyas llamativas y jabones confeccionados a mano, todo local. *16.00-22.00 mi-lu*

Wayan
45 **E7**

Se fundó en Cancún en 1995 y hoy tiene locales en toda la costa caribeña. Vende ropa bonita y accesorios que encarnan el ambiente natural de Tulum, donde la selva se junta con el mar. *10.00-21.00*

Cobá

Este antiguo yacimiento maya, surcado por caminos que atraviesan la selva, contiene varios edificios imponentes, entre ellos una alta pirámide y varios juegos de pelota. Tras visitarlo, se puede pasear por el tranquilo pueblo junto a las ruinas o bañarse en uno de los cenotes cercanos.

CONSEJO

Ir antes de las 11.00 para evitar el gentío. Si no se tiene coche, los colectivos a Cobá llevan desde la calle Osiris Norte, en el centro de Tulum, cerca de la avenida Tulum.

Escanea este código QR para más información sobre el horario y la entrada.

En bici por las ruinas

Dada la distancia entre algunos templos, la bici brinda el mejor modo de explorar la zona. Se puede alquilar dentro, cerca de la entrada. Antes de llegar al punto de alquiler, hay que girar a la derecha para ver el **grupo Cobá,** unos restos que incluyen patios, salas abovedadas y un juego de pelota. El mayor edificio es La Iglesia, una elevada pirámide que los primeros exploradores bautizaron así porque les recordó a una gran catedral medieval.

Luego se alquila la bici y se sigue la pista hasta el **grupo Nohoch Mul.** Por el camino hay varios puntos de interés, entre los que destaca el segundo de los juegos de pelota de Cobá, en cuyo centro hay una calavera de piedra (¿del vencedor o el perdedor?) y el relieve de un jaguar, también en piedra.

Hay que admirar el **Nohoch Mul,** un majestuoso templo de 42 m de altura y la segunda pirámide más alta de la península de Yucatán, por detrás de Calakmul. También destaca el **grupo de las Pinturas,** con vestigios de glifos y frescos.

Algo más lejos, el **grupo Macanxoc** contiene estelas restauradas. Se cree que algunas representan a mujeres de la realeza de Tikal.

ARKADIJ SCHELL/SHUTTERSTOCK

Nadar en cuevas cerca de Cobá

Cerca de Cobá hay tres cenotes *(todos cobran 100 MXN)*. Los días de calor, estas pozas de agua subterránea son ideales para refrescarse. Si no se dispone de coche, se puede alquilar una bicicleta en Cobá.

El primer cenote, **Choo-Ha,** es una cueva 6 km al suroeste de Cobá con estalactitas y agua poco profunda, ideal para niños. Muy cerca se encuentra **Tankach-Ha** (foto), mucho más hondo y con varios salientes para lanzarse al agua.

De vuelta en la carretera principal, hay que seguir otros 3 km hasta **Multum-Ha,** de aguas increíblemente cristalinas.

**UNA PAUSA
Chile Picante,** muy cerca de la entrada a las ruinas, es un restaurante de dos plantas con techo de paja y muchos clásicos, como cochinita pibil (cerdo asado al estilo maya).

Sugerencias
de lugares para
comer, beber
y comprar en
p. 136

Explora
Isla Cozumel

Cozumel es fascinante por su dualidad, una insólita mezcla de discretos barrios genuinos y patios de recreo turístico. Su mayor atractivo es el buceo y el submarinismo, pero el plácido centro es muy agradable para pasar la tarde, y también es muy gratificante explorar sus rincones más solitarios en una moto alquilada o un descapotable. La carretera litoral, que lleva a unas pequeñas ruinas mayas, un parque marino y bares junto acantilados, recorre un paisaje arrebatador por la ventosa costa. La vida nocturna no es como la de Playa del Carmen o Cancún, pero hay mucho que hacer cuando se pone el sol.

Cómo desplazarse

 A pie
En San Miguel de Cozumel, la población principal, es fácil desplazarse a pie. La plaza mayor está a un breve paseo del muelle de los ferris (donde hay barcos cada hora a/desde Playa del Carmen).

 **Automóvil**
Para explorar la isla por libre, lo mejor es alquilar un coche (desde 1000 MXN/día). Rentadora Isis tiene Volkswagen descapotables.

 Taxi
Hay que acordar una tarifa antes de subir. Del pueblo a un club de playa se paga de 400 MXN (Mr Sancho's) a 800 MXN (Punta Sur).

Punta Sur Eco Beach Park (p. 132).
YINGNA CAI/SHUTTERSTOCK

LO MEJOR

BUCEO
Muro de Santa Rosa (p. 126)

RESERVA NATURAL
Punta Sur Eco
Beach Park (p. 132)

CLUB DE PLAYA
Mr Sancho's (p. 134)

CÓCTELES AL ANOCHECER
Hemingway (p. 136)

ACTIVIDAD SI LLUEVE
Museo de Cozumel (p. 132)

10 km

N 0

MAR
CARIBE

Punta
Molas

Playa
Xhanan

Playa
Bonita

Laguna
Xtlapak

Playa
Los Cocos

Playa
Santa
Cecilia

San
Gervasio
7

Hacienda
Antigua
15

14

Mayan
Bee
Sanctuary

Punta
Norte

Av. Melgar

Aeropuerto
Internacional
de Cozumel

Buccanos 9

Carretera Transversal

Pueblo
de Maíz
13

Véase ampliación

SAN MIGUEL
DE COZUMEL

Mini Adventures

Atlantis Submarines 6

Blackwater
Cozumel

ScubaTony

33

Pecio C-53

Bahía
Chankanaab

Carretera Sur

Skyreef 11

Ferri a Playa del Carmen (18km)

Ferri a Calica (17km)

PLAYA DEL
CARMEN

Isla Cozumel

MAR CARIBE

Playa Punta Morena

Playa Chen Río

Playa de San Martín

Playa Bonita

Playa El Mirador

Isla Cozumel

El Cedral

Muro de Santa Rosa

Playa Palancar

Palancar

Cuevas de Palancar

Mr Sancho's

Paradise Beach

El Cielo

Parque Nacional Arrecifes de Cozumel

Arrecife Colombia

Laguna Colombia

Garganta del Diablo

Chun Chacab

Playa Encantada

Punta Sur Eco Beach Park

Museo de Cozumel

Cozumel Snorkel Center

SAN MIGUEL DE COZUMEL

Mercado Municipal

Deep Blue

Aldora Divers

Cozumel International Hospital

Muelle de los ferris (Muelle Fiscal)

MAR CARIBE

Av Rafael Melgar

C 10 Norte
C 8 Norte
C 6 Norte
C 4 Norte
C 2 Norte
Av 5 Norte
Av 10 Norte
Av 15 Norte
Av 20 Norte
Av 25 Norte
Av 30 Norte
Av Benito Juárez
C 1 Sur
C 3 Sur
C 5 Sur
C 7 Sur
Av 5 Sur
Av 10 Sur
Av 15 Sur
Av 20 Sur
Av 25 Sur
Av 30 Sur
Claudio Rosado Salas

200 m

Más información

Imprescindible	⭐	p. 126
Experiencias	✷	p. 132
Comer	✕	p. 136
Beber	🍺	p. 137
Comprar	🛍	p. 137

★ **IMPRESCINDIBLE**

Buceo y submarinismo en isla Cozumel

Un viaje a Cozumel no es tal si no se exploran sus famosos arrecifes. Los buceadores querrán dedicar varios días a estos lugares fascinantes, que ofrecen una visibilidad excelente todo el año y una impresionante variedad de fauna marina: rayas, morenas, meros, barracudas, tortugas, tiburones y grandes esponjas.

CONSEJO

Consultar las condiciones y planificar la ruta: elegir un punto de salida a favor de la corriente, permanecer alerta por si cambian las corrientes y estar atentos a las embarcaciones.

Escanea este código QR para más información sobre enclaves y operadores con certificado PADI.

Inmersiones sin igual

Dados sus más de 60 arrecifes, visibilidad excelente y rica fauna marina, no es de extrañar que el difunto oceanógrafo Jacques Cousteau calificara Cozumel como uno de los mejores destinos de buceo del mundo. Se encontrarán desde arriesgados descensos por paredes hasta esnórquel en aguas poco profundas.

Uno de los enclaves más populares es el **muro de Santa Rosa,** tan grande que solo suele verse un tercio en un descenso. Por cualquier punto que se acometa, tiene grandes salientes y túneles cubiertos de esponjas y corales. Hay peces loro, meros negros y barracudas. La visibilidad promedio es de 30 m y la profundidad mínima de 10 m, con una media más cercana a los 25 m. Hay que llevar linterna, aunque se bucee a mediodía, pues, a cierta profundidad, ayuda a realzar el color del coral y a iluminar la fauna oculta en los recovecos.

El Cedral brinda una inmersión a la deriva sobre un arrecife rico en fauna, entre la que destaca el pez sapo magnífico, endémico de Cozumel. Los amantes de la espeleología deberían reservar una inmersión en las **cuevas de Palancar** (foto), unas grutas y cañones fascinantes, con zonas de

PETER SZEKELY/ALAMY STOCK PHOTO

arena y una caída hacia el profundo azul. La **Garganta del Diablo,** en el arrecife Punta Sur, es una cueva para buceadores consumados que se abre a un espacio catedralicio con cuatro túneles. En el arrecife abundan los corales látigo y los peces mariposa y ángel.

El **pecio C-53** es un dragaminas de la II Guerra Mundial hundido en 1999 para crear un arrecife a 24 m de profundidad. Se puede bucear por las cubiertas, el casco y los pasillos.

La isla está llena de operadores de buceo, como **ScubaTony** *(scubatony.com)*, **Aldora Divers** *(aldora.com)* o **Miri Adventures** *(instagram. com/miri_adventures)*. Medio día de submarinismo (dos botellas) en una salida en barco sale por 120-170 US$. Se ofrecen bautizos, paquetes de varias inmersiones y cursos de certificación PADI en aguas abiertas.

UNA PAUSA
A un breve paseo de Aqua Safari Pier (punto de partida de muchos operadores), Lobster Shack sirve deliciosa langosta en rollos, burritos y cuencos.

Esnórquel en arrecifes de colores

En Cozumel, el mar es cálido, claro y está lleno de formaciones de coral y fauna marina sensacionales. Hay zonas para todos los niveles de esnórquel, desde el baño con estrellas de mar traslúcidas de **El Cielo** al **arrecife Colombia,** con sus grandes contrafuertes de coral cubiertos de esponjas, visibles desde la superficie, junto con alguna tortuga o barracuda. Otro lugar soberbio es **Palancar** (foto), en cuyos jardines submarinos menudean esponjas, coral, peces, tortugas, rayas y morenas. La isla tiene numerosos puntos de inmersión e incontables operadores que guían por las profundidades.

Muchos viajeros alquilan el equipo de esnórquel y bucean frente a la orilla y los clubes de

KAROL KOZLOWSKI PREMIUM RM COLLECTION/ ALAMY STOCK PHOTO

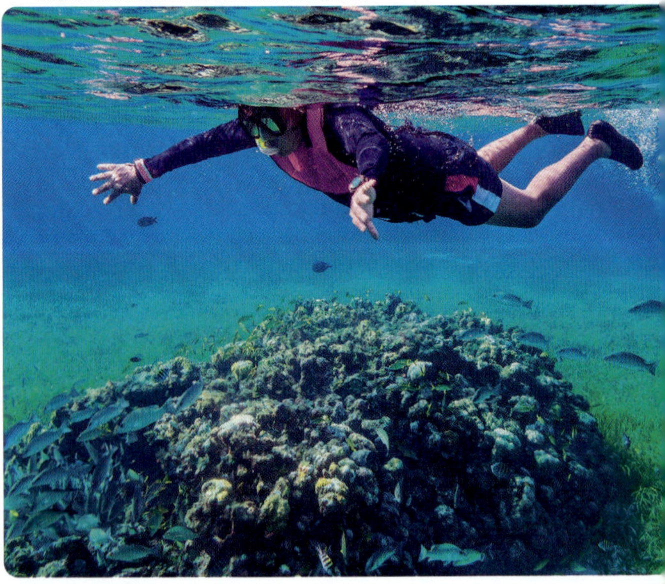

playa. Los mejores clubes para hacer esnórquel son **Buccanos** (p. 134), **Skyreef** (p. 134) y **Playa Palancar.** Pero las mejores zonas de esnórquel están mar adentro. Operadores como **Cozumel Snorkel Center** *(cozumelsnorkelcenter.com)* ofrecen salidas a puntos del sur llenos de fauna, como Palancar, el arrecife Colombia y El Cielo. Arrancan sobre los 1000 MXN y suelen incluir refrescos y tentempiés (y, a veces, cerveza o margaritas).

Aunque sale un poco más caro *(desde 1500 MXN, más 140 MXN de aparcamiento),* también se puede ir en barco a bucear con operadores como **Deep Blue** *(deepbluecozumel.com)* a enclaves excelentes como Palancar, el arrecife Colombia, Cardona, San Clemente y Paraíso, todos cerca de la punta sur de la isla.

Vida nocturna... bajo el mar

Para quien se atreva con el mar a oscuras, el esnórquel nocturno es genial, pues permite ver fauna muy distinta (pequeñas pastinacas, pulpos y calamares) en un ambiente espectral. Operadores como el recomendable Night Snorkel Cozumel *(nightsnorkelcozumel.com; 65 US$)* suministran el equipo necesario, que incluye traje de neopreno, máscara, aletas, tubo y una linterna potente para esa experiencia surrealista de 1 h. Se sale desde el **Money Bar** (p. 137).

Para los submarinistas hay opciones aún más emocionantes. Casi todas las agencias ofrecen inmersiones nocturnas en el parque marino. Los buzos más curtidos pueden apuntarse a la fabulosa excursión de **Blackwater Cozumel** *(blackwatercozumel.com),* donde se bucea en completa oscuridad (aparte de las fuentes de luz suministradas) a unos 3 km de la orilla. Es como flotar en el espacio exterior, y la fauna parece de otro mundo.

MARACAIBO
Es uno de los lugares menos visitados de Cozumel y su arrecife más meridional. Ofrece un descenso por una pared tan espectacular como difícil, solo para buzos expertos, pues alcanza profundidades de 40 m en aguas con fuertes corrientes. Se suelen ver tortugas, rayas jaspeadas, tiburones nodriza y tiburones de arrecife de punta negra.

CIRCUITO A PIE

Cozumel a pie

San Miguel de Cozumel, la población principal, invita a la exploración. Un paseo, a ser posible con el fresco del atardecer, muestra la cara más genuina de la vida isleña, con tiendas de artesanía, vistas excelentes del paseo marítimo y arte urbano que desentraña el complejo pasado de la zona.

INICIO	FINAL	DURACIÓN
Parque Benito Juárez	Plaza de las Dos Culturas	1,7 km; 1¼ h

1 Corazón de la isla

El alma de San Miguel de Cozumel es el **parque Benito Juárez,** una plaza con palmeras y una bonita torre del reloj, muy cerca del muelle de los ferris. Los viajeros se sacan fotos con las letras de "Cozumel", pican algo en sus puestos y visitan las tiendas de recuerdos.

2 Tiendas y cafés

Al igual que Playa del Carmen, San Miguel de Cozumel también tiene su Quinta Avenida, aquí bastante más modesta: algunas tiendas, bares y restaurantes, y nada de aglomeraciones. Se aconseja ir a **COZ Coffee Roasting Company.**

3 Arrecife escultural

Se gira a la izquierda por la calle 2 y se sube hasta la avenida Melgar. El paseo marítimo está salpicado de esculturas, al norte y al sur del cercano muelle de ferris. Destaca el **monumento al buceo,** en forma de arco y adornado con peces, rayas, tortugas marinas y dos buzos, de la artista mexicana Rosa María Ponzanelli Quintero.

4 Arte marino

Subiendo por la avenida Melgar, las siguientes manzanas contienen más arte público, como la peculiar escultura **'La niña de la tortuga',** de Carlos Terrés. Pasada otra manzana, hay que mirar hacia el mar para ver el **barco hundido,** un barco bocabajo cubierto de coloridos murales marinos.

5 Artesanía mexicana

Se cruza la calle 8 para visitar **Los Cinco Soles,** una enorme galería con varias salas que ofrece la mejor colección de cerámica, tapices y joyas de Cozumel. Todos los artículos se fabrican en México y muestran la artesanía de varias regiones, desde los alebrijes (estatuillas folclóricas) de Oaxaca a la cerámica de Talavera de Puebla y Tlaxcala.

6 El primer mestizo

Otras tres manzanas al norte, se llega al **monumento al Mestizaje,** una instalación gigantesca que representa a Gonzalo Guerrero, el conquistador español que se alzó en defensa de los mayas, junto a su esposa Zazil Há y el hijo de ambos, que en teoría fue el primer mestizo nacido en Yucatán.

7 Choque cultural

Desde allí hay otros 500 m hasta la **plaza de las Dos Culturas,** con estatuas de una familia maya y un misionero español, recortadas contra una pirámide maya. Se puede rematar el paseo en uno de los cercanos bares restaurantes frente al mar, como el **Hemingway.**

EXPERIENCIAS

Sumergirse en el pasado de Cozumel

MUSEO

PLANO: ❶ P. 124 **E6**

El **Museo de Cozumel** *(136 MXN; ma-do)* brinda una buena introducción a la isla en 1-2 h. Este edificio grande, moderno y bien diseñado rezuma intriga, desde sus fósiles y escenas sobre la flora y fauna que informan sobre los ecosistemas de Cozumel —de los humedales a las dunas costeras— hasta las insólitas especies, como la abeja sin aguijón.

Luego se pasa al mundo de los mayas. Destacan piezas como una reconstrucción del pequeño templo de Miramar, de Cozumel, y la famosa columna original que soportaba el edificio, que representa a la diosa Ixchel dando a luz. Otra sección ofrece vídeos sobre su cosmología y creencias espirituales.

La última sección lleva de la conquista española a tiempos recientes, y muestra espadas de piratas, así como las grandes cubas que se usaban para hacer chicle natural, la mayor exportación de Yucatán en la década de 1920.

Un día en un parque costero

RESERVA NATURAL

PLANO: ❷ P. 124 **B7**

La parada más gratificante, pese al abultado precio de admisión, es **Punta Sur Eco Beach Park** *(adultos/niños 306/198 MXN)*, en la punta suroeste de la isla. Se puede subir por una escalera de caracol hasta lo alto de un faro, visitar un pequeño museo náutico y unas ruinas mayas, y todo junto a la entrada al parque. Allí arranca un breve sendero por bosque y manglares hasta una pequeña torre de observación, desde donde se pueden ver aves migratorias y cocodrilos. De vuelta en el coche, se sigue por la carretera litoral sin asfaltar, de lento avance y llena de baches, para ir a una playa de arena blanca con un arrecife de aguas poco profundas y un par de restaurantes con terraza. También hay circuitos en barco gratis *(12.00, 13.00 y 14.00)* por la laguna

 HISTORIA DE LA ISLA

Los mayas habitaron Cozumel desde el año 300 d.C., pero, cuando los españoles diezmaron sus asentamientos, la isla quedó desierta. En 1848 llegaron los indígenas huidos de la Guerra de Castas y, a principios del s. xx, la población creció al ritmo del comercio del chicle. Tras el declive de este producto, su economía se mantuvo a flote gracias a la base aérea estadounidense que se erigió en la isla durante la II Guerra Mundial. Cuando los militares estadounidenses se fueron, Cozumel se estancó y la gente la abandonó. En la década de 1960 cobró fama por el buceo y, después, como destino de cruceros.

Colombia, con flamencos (nov-mar) y cocodrilos. Quizá también se vean coatíes, mapaches pigmeos y tortugas.

En coche por la agreste costa oriental   PLAYAS

La costa oriental, la cara más agreste de la isla, ofrece paisajes sobrecogedores y pequeños bufaderos. En esta zona es peligroso nadar debido a las fuertes corrientes, pero las playas son preciosas y perfectas para pasear o disfrutar de las vistas mientras se toma una copa o se pica algo, sin olvidar que puede llenarse de sargazos, sobre todo entre abril y septiembre.

La **playa Bonita** (PLANO: ❸ P. 124 **C6**), de apropiado nombre, está en una pequeña bahía y es estupenda para relajarse y admirar las vistas. Unos 5,5 km al norte, la bella **playa Chen Río** (PLANO: ❹ P. 124 **D5**) tiene un pequeño promontorio rocoso que la protege del oleaje, por lo que es uno de los pocos sitios donde a veces se puede nadar. Otros 3,5 km al norte, la fotogénica **playa Punta Morena** (PLANO: ❺ P. 124 **D5**) invita a un tranquilo paseo. Las dos últimas playas cuentan con bares restaurantes bien ubicados y puestos de artesanía.

Clases de surf   SURF

En la ciudad hay varios operadores que ofrecen clases de surf en la costa este, como **Surf School by Highlife** (surfcozumel.com;

90 min 1600 MXN), regentado por mujeres y con cursos para todas las edades y niveles (principiantes incl.). Tiene paquetes de varias clases, y el precio incluye el transporte a/desde la ciudad.

En submarino por el arrecife   EXCURSIÓN EN BARCO
PLANO: ❻ P. 124 **B3**

Para quien quiera ver qué ocurre bajo el mar, pero no pueda o no le guste bucear, **Atlantis Submarines** (atlantissubmarines.mx; adultos/niños desde 99/55 US$) ofrece una excursión al arrecife Chankanaab que empieza con una travesía de 10 min en barco hasta el submarino, al que se entra por una escotilla con escalera. Dentro hay grandes ventanales y, cuando el sumergible baja hasta el arrecife, van apareciendo el coral, las anguilas jardineras, langostas y peces ángeles reina. Se desciende unos 30 m, y, de subida, el submarino pasa por el pecio del C-53, donde suele haber buzos. La salida dura unas 2 h en total, de las cuales se pasan 45 min en el submarino.

Senda ancestral de San Gervasio   YACIMIENTO ARQUEOLÓGICO
PLANO: ❼ P. 124 **D3**

Para una visión más amplia de la historia isleña, nada como **San Gervasio** (231 MXN; 8.00-16.00), un recinto que, según se cree, contuvo el santuario de Ixchel, diosa maya de la fertilidad, por lo que era el lugar donde las mayas le

OTROS CLUBES DE PLAYA DESTACADOS

Buccanos

PLANO: **9** P. 124 **C2**

Justo al norte de la ciudad, con buen esnórquel, piscina, una playa pequeña y un restaurante recomendable (consumición mínima 400 MXN/persona).

Paradise Beach

PLANO: **10** P. 124 **A5**

A los niños les encanta el parque acuático flotante y los paseos en bananas inflables. Los adultos se decantan por los masajes, las camas balinesas y la barra libre *(adultos/niños 68/45 US$)*. Los kayaks, el surf de remo y el equipo de esnórquel se pagan aparte *(14 US$)*.

Skyreef

PLANO: **11** P. 124 **B4**

No hay playa, pero hacer esnórquel en este resort es soberbio, y además ofrece buena comida y bebida en abundancia (no se cobra entrada, pero se suele pedir una consumición mínima de 400 MXN).

rendían culto, sobre todo las futuras madres. Es fascinante, pero no tiene templos del orden de Chichén Itzá. Los edificios son pequeños, y los españoles destruyeron hace mucho las estatuas de arcilla de la diosa. Los guías de Sinaltur devuelven la vida al lugar con un circuito de 1 h o más que cuesta 600 MXN.

Se aconseja ir temprano para eludir el calor.

Un día trepidante en Mr Sancho's

CLUB DE PLAYA

PLANO: **8** P. 124 **A5**

Cozumel tiene una amplia variedad de clubes de playa. Si no se ha ido a ninguno, así es como funcionan: se paga una entrada que da derecho a usar las tumbonas y las sombrillas, comer y beber, y acceder a una zona de playa acordonada y segura para nadar y hacer esnórquel. **Mr Sancho's** *(mrsanchos. com; adultos/niños 68/45 US$)* es uno de los más populares por sus dos piscinas (una con bar acuático), sus kayaks y su bufé libre de comida y bebida. Otros alicientes son un parque acuático *(14 US$)* con toboganes, trampolines y superficies para escalar en el agua; ofrece paseos a caballo *(40 US$)*, y *parasailing (70 US$)*.

Frutas tropicales

MERCADO

PLANO: **12** P. 124 **E8**

Los isleños compran pescado, marisco y productos frescos en el **Mercado Municipal** *(8.00-15.00)*, un edificio repleto de fruta y verdura, pescado recién capturado y carne. Hay varios restaurantes baratos, entre ellos sorpresas como Lonchería Oasis, que sirve *nasi goreng* y otros platos indonesios. Para bocados más tradicionales, se recomienda la Taquería Molina, famosa por sus desayunos a base de huevos, tacos, tortas y zumos.

Todo sobre los mayas
CENTRO CULTURAL

PLANO: **13** P. 124 **C3**

Muy cerca de San Gervasio (y a 5 km de San Miguel de Cozumel), el parque temático **Pueblo de Maíz** (400 MXN) ofrece una aventura un tanto *kitsch* pero divertida e interactiva. Empleados vestidos con prendas mayas pintan la cara de los clientes con pigmentos naturales, los purifican con incienso sagrado y los llevan ante una escultura de piedra que representa a la diosa Ixchel. Luego, un guía con un tocado maya lleva por una serie de palapas, donde se ilustra la vida maya de forma interactiva. Se hacen tamales a mano, se prueba chocolate y pozol (bebida de maíz), y se prueba la resistencia de la fibra de agave. Es una experiencia desenfadada donde se gastan muchas bromas sobre los sacrificios humanos, pero el final con danza, tambores y desfile sobre el fuego es intenso y sobrecogedor.

Abejas sin aguijón
RESERVA ANIMAL

PLANO: **14** P. 124 **D4**

Si hay más ganas de curiosidades mayas, hay que conducir 5 min carretera abajo para visitar **Mayan Bee Sanctuary** (adultos/niños 152/114 MXN). En la era prehispánica, la isla fue un gran centro productor de miel, y en esta reserva se descubrirá a las abejas sin aguijón, se probará su miel y se visitará un pequeño cenote. El recinto alberga las imponentes esculturas de piedra de Carlos Pacheco Polanco.

Un trago de tentador tequila
GRANJA

PLANO: **15** P. 124 **D4**

Si no se puede ir a Jalisco, hay que visitar **Hacienda Antigua** (gratis), una granja dedicada a la bebida más popular de México. Explica el proceso de elaboración y ofrece catas que van desde el tequila blanco al extra añejo. No atosigan con la venta, pero casi todo el mundo compra una botella o dos.

Lejos del mundanal ruido en El Cedral
PUEBLO

PLANO: **16** P. 124 **B5**

El Cedral, a 30 min en coche al sur de la ciudad, es la población maya más antigua de la isla. Cobra 60 MXN por entrar en coche. Tiene un pequeño templo maya junto a una iglesia moderna, y en la gran plaza de al lado se montan mercados y eventos. Otro atractivo es la **cueva de Jade** (240 MXN), un cenote lleno de murciélagos que, según los mayas, era una puerta al inframundo. No se recomienda para nadar, pero es estupendo (y caro) para hacerse fotos.

La mejor época para visitar esta pequeña comunidad es durante la anual **Fiesta del Cedral,** finales de abril o principios de mayo. Rinde homenaje a los refugiados de la Guerra de Castas que en 1848 huyeron del México continental y se instalaron en Cozumel. Hay atracciones, puestos de comida, rodeos y bailes tradicionales.

Lo mejor para...

$ Económico $$ Medio $$$ Alto

Localizaciones en el plano de la **p. 124**

Comer

Cafés

COZ Coffee Roasting Company $
 17 E7

En la Quinta Avenida, amplia carta de cafés, batidos y frapés, desayunos, sándwiches y ensaladas. *7.00-21.00*

Maple Bakehouse $$
18 E6

Ideal para desayunar o tomar un café. Sirve repostería deliciosa, sándwiches originales y crepes reconfortantes. *7.30-22.00*

Aquí + Ahora $$
19 E6

Para picar algo o tomar una copa por la tarde en el acogedor café de la planta baja o en la terraza de la azotea. El desayuno es hasta las 12.00. *8.00-1.00 ma-do*

Tacos y burritos

Los Tacotales $
20 E8

De los mejores tacos de la isla, además de sabrosos burritos, tortas, quesadillas y contundente pozole (sopa tradicional). *12.00-23.00*

Burritos Gorditos $
21 E6

Sitio estupendo famoso por sus burritos vegetarianos, de pollo, cerdo y ternera. Es todo grande; hay que ir con hambre. *8.00-17.00 lu-sa*

Noche de citas

Azul Madera $$$
22 D8

Original carta de inspiración mediterránea con ingredientes locales de primera, para disfrutarlos en el patio trasero ajardinado. *17.00-22.30*

Casa Mission $$$
23 C3

Restaurante mexicano tradicional y marisquería con acompañamiento de ensalada César, suculentas patas de cangrejo real y mariachis. *8.00-23.00*

Kondesa $$$
24 D8

Marisquería selecta e innovadora rodeada de bosque. Se recomienda probar los pasteles de pez león. *17.00-23.00*

Buccanos $$$

véase **9** C2

Este club de playa se pone elegante de noche con su *lounge* de cócteles y el sofisticado restaurante de la azotea. *18.00-22.30 ma-sa*

Marisco

Hemingway $$
25 C3

En el paseo marítimo y con mucho ambiente, ofrece cócteles al anochecer y delicioso pescado y marisco a la parrilla. *9.00-24.00*

Lobster Shack $$
26 D7

Bar informal para amantes de los rollitos y burritos de langosta o los cuencos de arroz, alubias, aguacate y pico de gallo coronados por langosta. Se pide en la barra. *12.00-21.00*

Guido's Restaurant $$$
27 E6

Famoso local italiano con *pizza* hecha en horno de leña, pasta casera y de los mejores platos de pescado y marisco de Cozumel. Tiene un bonito patio. *14.00-22.00*

Cena frente al mar

Freedom in Paradise $$

 28 B6

Bar de playa estilo rasta-fari que ofrece camarones al coco con cócteles tro-picales y vistas preciosas. *10.30-17.00*

Alberto's Beach Restaurant $$$

 29 A5

Sitio tranquilo con pescado y marisco excelente y una animada clientela. *9.00-23.00*

Coconuts $$$

 30 D5

Platos clásicos (tacos de pescado, fajitas de cama-rones) en un pintoresco espacio en un acantilado sobre un tramo rocoso de costa. *10.00-19.00*

El Pescador $$$

 31 D5

Para saborear ceviches, nachos y margaritas en un sitio espléndido entre dos playas. *10.00-17.00*

Beber

Música en directo

Wet Wendy's

 32 E7

Uno de los muchos bares festivos de la Quinta Avenida. Sus enormes margaritas heladas y música en directo atraen a una clientela relajada. *11.00-24.00*

Money Bar

 33 B4

Club de playa 7 km al sur de la ciudad con una tentadora *happy hour*, música en directo y vistas espectaculares de la puesta de sol. *8.00-22.00*

Cerveza y cócteles

Cervecería Punta Sur

 34 E8

La primera y única fábrica de cerveza artesanal de la isla sirve rica cerveza local y una exquisita *pizza* de pez león. *12.00-23.00*

Woody's

35 E7

Ubicación privilegiada junto a la plaza mayor, ideal para ver gente y disfrutar de una barbacoa con una bebida fría, deporte en la tele y música en directo. *10.00-23.30*

La Monina

 36 B3

Bar restaurante ideal para ver la puesta de sol. De día también es fabuloso: dos por uno en cócteles y acceso directo al mar para hacer esnórquel o bañarse frente a la playa. *8.00-23.00*

Comprar

Joyas y artesanía

Parque Benito Juárez

 37 E7

Los fines de semana por la noche, los artesanos montan puestos en el parque: bolsas, ropa y joyas hechas a mano, además de comida. *17.00-23.00 vi-do*

Sergio's

38 E7

Joyas preciosas con piedras y engastes únicos de Taxco, la capital de minas de plata de México. *11.00-19.00 lu-sa*

Arte

Galería Azul

39 F6

Esta galería apartada expone la obra de inspira-ción caribeña del artista del vidrio Greg Dietrich. *11.00-19.00 lu-vi*

Chocolate

The Mayan Cacao Company

40 A5

En el Playa Mia Beach Club (16 km al sur de la ciudad), ofrece catas, circuitos, talleres y deli-ciosas tabletas de cho-colate con ingredientes originales. *9.00-16.00*

Puerto Morelos

Este pueblo es uno de los más tranquilos de la Riviera Maya. Distribuido a lo largo de una bonita playa al sur de Cancún, invita a hacer esnórquel en el arrecife frente a la orilla, y en la reserva natural a sus puertas se puede ver fauna y aprender sobre plantas autóctonas.

CONSEJO
Los colectivos de Cancún o Playa del Carmen dejan en el desvío de la carretera a Puerto Morelos. Desde ese punto quedan 2,5 km a pie hasta el pueblo. También se puede ir en taxi o en un colectivo *(10 MXN)*.

Esnórquel en el arrecife

Unas franjas verdes y azules en marcado contraste separan la orilla de la barrera de arrecife, un paisaje hipnótico para amantes del submarinismo y el esnórquel. En el pueblo hay varios operadores que organizan circuitos, pero también se puede ir por libre al muelle, junto a la plaza principal, donde una cooperativa de barcos ofrece salidas *(450 MXN/persona)* a lo largo del día. En la típica excursión de 2 h se visita una zona excelente del arrecife (por lo general a 5-10 min) para hacer esnórquel entre incontables especies acuáticas: tortugas, tiburones nodriza, pastinacas, morenas, langostas y un sinfín de peces tropicales. Se pasan 45 min y se parte hacia otro punto de buceo.

Encuentros muy naturales

A un breve trayecto en taxi *(150 MXN)* al sur de Puerto Morelos hay un exuberante vestigio de los frondosos bosques costeros que en su día cubrieron el norte de la península de Yucatán. Pese al nombre, el **jardín botánico Dr. Alfredo Barrera Marín** *(adultos/niños 120/50 MXN; 8.00-16.00, lu-vi)*, de 65 Ha, parece más bien una agreste reserva natural, y su fauna es un aliciente igual de seductor que la variada flora (foto).

SHIRLEY KILPATRICK/ALAMY STOCK PHOTO

Al llegar, tras pagar la entrada y tomar prestado un mapa (o fotografiar el cartel), se emprende el sendero de 2 km. Es fácil de seguir, pero tiene unos cuantos desvíos destacados. En sentido antihorario, pasa por tramos dedicados a epífitas, palmeras y helechos. También se encontrarán unas ruinas del s. xv, la recreación de un campamento de recolectores de chicle, un pantano con manglares y una torre de observación de tres plantas.

Mercado nocturno de artesanía

De noche, la plaza principal, **Parque Fundadores** *(17.00-22.00 mi-do),* cobra vida con el mercado de artesanía, donde se venden cuadros, cerámica, joyas y telas, entre otras cosas. Todo hecho a mano.

UNA PAUSA
El Nicho es el mejor sitio para un desayuno, un café o un sándwich. **El Pesquero** es muy popular por su sencillo pescado y marisco en un espacio rústico con el suelo de arena y techo de paja.

Guía práctica

Parque del Jaguar (p. 106), Tulum.
JESS KRAFT/SHUTTERSTOCK

Viajar en familia

Pocos sitios ofrecen tanto a los más pequeños como Yucatán, con su mezcla de playas, excursiones en barco y salidas para hacer esnórquel, además de ruinas ancestrales y monos en los árboles.

Cómo desplazarse

Si se alquila un coche, es mejor llevarse el asiento infantil, pues las agencias suelen cobrarlo aparte *(7 US$/día o más)*. En los autobuses suele haber asientos cómodos y películas, y casi todos tienen baño. Los colectivos (furgonetas compartidas) son más incómodos, pero los trayectos no son muy largos.

DESCUENTOS

Museos, yacimientos arqueológicos, parques acuáticos y algunos hoteles ofrecen descuentos para niños, y algunos puntos de interés infantil tienen entradas familiares. Los billetes de tren o autobús para niños de 5 a 12 años suelen costar la mitad.

Alojamiento

Hay habitaciones familiares por doquier, y muchos hoteles añaden una cama supletoria a un módico precio. En casi todas partes hay aire acondicionado y wifi asegurado. Muchos hospedajes tienen piscina, y algunos incluso club de playa. En la tele hay canales infantiles o acceso a servicios de *streaming* como Netflix, ideal para cuando los peques necesitan un descanso.

Artículos esenciales

Todas las farmacias tienen pañales, analgésicos, cremas con cortisona y antiinflamatorios no esteroideos (AINE), pero no es tan fácil encontrar buenos protectores solares; se aconseja llevarlo de casa.

Cambiadores de pañales

Hay cambiadores en algunos restaurantes y centros comerciales.

Dónde comer

Cerca de los centros turísticos es más fácil encontrar menús infantiles. Si los peques son melindrosos, lo mejor es llevarse la comida cuando se visitan pueblos, donde la oferta gastronómica es limitada.

142

ARKADIJ SCHELL/SHUTTERSTOCK

Alojamiento

En Cancún y la Riviera Maya hay alojamiento para todos los gustos y bolsillos, desde albergues a hoteles de lujo frente al mar.

Si te gusta...

Paraíso playero

Zona Hotelera de Cancún (p. 47) La costa, repleta de resorts, tiene bonitas playas de arena blanca, escenario ideal para dar largos paseos, ir en bici o comer al aire libre.

Cultura local

Centro de Cancún (p. 31) Es más económico y está cerca de parques familiares, puestos de comida, animados mercados y arte urbano. Y, además, la playa está a un trayecto en autobús.

Comer y vida nocturna

Playa del Carmen (p. 87) Alojarse a dos pasos de la Quinta Avenida, el vibrante corazón de la ciudad, lleno de restaurantes con terraza, bares musicales y discotecas.

Aventuras al aire libre

Tulum (p. 103) Un sinfín de excursiones, desde visitar en bici las ruinas de Cobá hasta ir en barco y ver fauna en la Reserva de la Biosfera de Sian Ka'an.

Buceo y submarinismo

Isla Cozumel (p. 123) Rodeada de arrecifes de coral ricos en fauna marina, ofrece algunas de las inmersiones más espectaculares de México y zonas de esnórquel frente a la playa.

IMPRESCINDIBLE

Nos encanta...
Isla Holbox (p. 75). Es fácil dejarse hechizar por esta cautivadora isla rústica y artística. Para llegar, hay que hacer un largo viaje en autobús y en ferri, pero vale la pena para acabar relajándose en un rincón apartado, ya se duerma en un oasis frente al mar o en un hotel ecológico hecho con materiales tradicionales.

CUÁNTO CUESTA

Cama en albergue
500 MXN

Pensión
1000-1600 MXN

Hotel frente al mar
2500-5000 MXN

Comida, bebida y fiesta

Alergias e intolerancias

Las personas que padezcan alergias e intolerancias alimentarias deben tener especial cuidado al comer en restaurantes. Es posible que algunos bocados que en principio son vegetarianos puedan contener manteca de cerdo o caldo de pollo. Dado que el maíz es el ingrediente básico de la gastronomía mexicana, muchos platos carecen de gluten.

--- **DESAYUNO DE CAMPEONES** ---

El alimento matutino por excelencia son los huevos, que se sirven de muchas formas, por lo general acompañados de tortillas, frijoles refritos y fruta. Se recomiendan los chilaquiles: tiras de tortillas de maíz fritas con salsa, queso y demás delicias.

LESIAART/SHUTTERSTOCK

Platos yucatecos

La cocina de Yucatán tiene platos únicos. Entre los mejores se cuentan los salbutes (tortillas fritas con pollo o pavo desmenuzado), los panuchos (como los salbutes, pero con una capa de frijoles) y los papadzules (huevos duros a dados envueltos en tortillas de maíz aderezados con pipas de calabaza y salsa de tomate).

Cómo pagar la cuenta

En general, la cuenta solo se presenta cuando el comensal la pide. Para ello, basta con llamar la atención del personal de forma educada.

Pagar a medias Si se quiere pagar a medias, no hay más que preguntar si se puede dividir la cuenta.

Propinas Algunos negocios turísticos la incluyen en la cuenta; basta con preguntarlo. En los restaurantes, lo habitual es dejar un 10-15 %. Si se paga con tarjeta, el personal lleva el datáfono a la mesa y tal vez pregunte si se desea añadir propina.

PRECIOS

Las siguientes cifras corresponden al precio medio de un plato principal.
$ menos de 100 MXN
$$ 100-200 MXN
$$$ más de 200 MXN

HORARIOS

Cafés 7.30-17.00; algunos abren hasta las 21.00
Restaurantes 12.00-22.00; muchos abren a las 8.00
Bares 16.00-2.00 lu-vi; abren antes los fines de semana

Salir

Copas al anochecer Una noche como es debido en Yucatán suele empezar con cócteles junto al mar. Con la puesta de sol se bebe un margarita, pero también se puede pedir una mezcalita (con mezcal en vez de tequila) o un mojito (con ron y menta).

De bar en bar Tras picar algo, empieza la noche. En Playa del Carmen eso equivale a ir de bar en bar por la Quinta Avenida. En Cancún, la acción se divide entre las ruidosas discotecas de la Zona Hotelera y los bares más tranquilos del centro.

Discotecas Si apetece bailar, no hay que olvidar que casi todas las discotecas están vacías antes de las 23.00. La mejor hora para bailar y ver gente es la medianoche.

Qué llevar Casi todas las discotecas son bastante laxas en lo tocante a la ropa; lo habitual es ir elegante pero informal.

CUÁNTO CUESTA

Taco en un puesto callejero
30-40 MXN

Ración de churros
50 MXN

Comer en un mercado
130 MXN

Desayuno en un restaurante de precio medio
100-160 MXN

Cena para dos en un restaurante selecto
1400-2200 MXN

Capuchino
50-80 MXN

Cerveza
50-90 MXN

Margarita
120-200 MXN

Comunidad LGTBIQ+

La zona tiene una mentalidad muy abierta frente a la sexualidad. Los viajeros LGTBIQ+ rara vez sufren discriminación directa.

El Orgullo y otros grandes eventos

En junio, la costa caribeña acoge dos grandes eventos relacionados con el Orgullo: Playa Pride (Playa del Carmen) y Cancún Pride. En ambos se ven disfraces llamativos, elegantes *drag queens,* carrozas y coches con arcoíris pintados, y mucha *joie de vivre,* además de fiestas con música antes y después. Las fechas cambian cada año; el calendario se publica en enero.

Durante seis días a finales de enero o principios de febrero, tiene lugar en Playa del Carmen el **Arena Festival** *(arena.mx),* el mayor evento LGTBIQ+ con baile y música de México. A comienzos de abril, isla Mujeres acoge **Utopia** *(utopiaisla.com),* un festival LGTBIQ+ espectacular con grandes DJ que pinchan cuatro noches en un bello entorno isleño.

IMPRESCINDIBLE

Mejores playas gais

En **Cancún**, las playas Delfines y Gaviota Azul atraen a un público variado que incluye a personas LGTBIQ+. En **Playa del Carmen** hay otro punto de encuentro gay oficioso cerca de playa Mamita's, justo al norte del Mamitas Beach Club.

MÉXICO GAY

Los destinos más frecuentados por gais son Cancún, Playa del Carmen y Tulum. En gaymexicomap.com hay información sobre alojamiento, circuitos y vida nocturna.

NEW AFRICA/SHUTTERSTOCK

CIRCUITOS LGTBIQ+

En Playa del Carmen, Pink Flamingo Gay Tours *(pinkflamingogay.tours)* ofrece visitas a las ruinas mayas y viajes de aventuras, como excursiones a la Reserva de la Biosfera de Sian Ka'an.

Noches locas

Como epicentro de la juerga LGTBIQ+, Cancún tiene discotecas estupendas. Además de locales frecuentados por gais, como Coco Bongo (p. 55), hay mecas como 11:11 (p. 43) o Laser Hot Bar Beer & Queer (p. 43). En Playa del Carmen, hay que ir al Club Provenza (con bailarines gogó) y a Sirenas (con divertidos números *drag*).

Salud y seguridad

En Cancún y la Riviera Maya hay que ser cauto con la comida, el agua y el intenso sol tropical.

ROBOS

Los robos de bolsos y carteras son un riesgo menor, pero hay que ir con cuidado en autobuses, aeropuertos y estaciones. No deben dejarse objetos de valor desatendidos en la playa ni en un vehículo aparcado. Los atracos no son habituales, pero, dado el caso, es mejor no resistirse para evitar males mayores.

Peligros del sol y el calor

Para evitar una insolación, hay que buscar la sombra al mediodía, llevar gafas de sol y un sombrero de ala ancha, y aplicarse crema de factor 30 o superior, que proteja contra los rayos UVA y UVB. Es imprescindible una camisa de licra de manga larga, pues en muchos cenotes y reservas marinas no se puede llevar crema solar (por muy ecológica que sea), ya que contamina el agua. Hay que beber mucho líquido (sin alcohol, pues deshidrata) y no hacer ejercicio cuando aprieta el calor.

Agua del grifo

No es apta para el consumo. Casi ningún filtro portátil ofrece protección contra los virus.

A TENER EN CUENTA

Baño seguro

Evitar bañarse con bandera roja. Y siempre nadar cerca de los socorristas si es posible.

Privacidad

Pedir permiso antes de fotografiar a nadie.

Marihuana

Es mejor evitarla. La posesión no está penalizada, pero la policía a veces detiene a los consumidores para extorsionarlos.

Seguro

Es práctico contratar un seguro que cubra robo, pérdida y asistencia médica. Algunas pólizas excluyen actividades peligrosas como submarinismo y motociclismo.

MOSQUITOS

Las enfermedades transmitidas por mosquitos son un riesgo real, sobre todo en lo tocante al Zika y el dengue. Se aconseja llevar repelente.

Turismo responsable

Consejos para dejar menos huella, apoyar lo local y beneficiar a las comunidades.

Favorecer el transporte público frente al coche alquilado

Los viajeros que visitan la zona por primera vez suelen asombrarse de lo fácil que es desplazarse sin coche. Además, forma parte de la aventura, pues invita a socializar con los lugareños. Los autobuses y trenes son bastante cómodos y permiten admirar el paisaje. Los colectivos son más incómodos, pero excelentes para moverse entre pueblos de la costa.

Comida ecológica

Hay mucho postureo verde, pero también restaurantes profundamente comprometidos con la sostenibilidad, como **Aldea Kuká** (p. 85), en Holbox, y **Hartwood** (p. 118; foto), en Tulum.

DESDE LA IZDA.: PHORTUN/SHUTTERSTOCK; NICHOLAS GILL/ALAMY STOCK PHOTO

IMPRESCINDIBLE

Aventuras en la selva

Aprender sobre el bosque y la fauna en un circuito organizado por la comunidad maya, descendiente de antiguos chicleros de **Punta Laguna** (p. 116).

Viajar lento

Hay que olvidarse de todoterrenos y motos acuáticas y entregarse al turismo de bajo impacto, que es mejor para el entorno y propicia una relación más profunda con la naturaleza. Se pueden hacer salidas a pie, en bici, barco o kayak. La costa oeste de la Zona Hotelera linda con la laguna Nichupté, ideal para vivir aventuras acuáticas, como las de **Go Kayak Cancún** (p. 53).

Recursos

- **theyucatantimes.com** Información sobre viajes sostenibles por la península.
- **ceakumal.org** Sin ánimo de lucro y centrada en la sostenibilidad; acepta voluntarios para monitorizar tortugas y restaurar el arrecife.

APICULTURA ANCESTRAL

Los mayas llevan siglos venerando a la *xunan kab,* una abeja melífera sin aguijón. Es una especie en peligro de extinción cuya miel se usa en medicina holística; algunos mercados venden sus productos.

En bicicleta

La bicicleta es un medio de locomoción práctico que contribuye a reducir la huella de carbono. La Zona Hotelera de Cancún cuenta con la excelente **Ciclopista** (p. 53), que recorre 13 km entre Coral Beach, en el norte, y Punta Nizuc, en el sur. En Playa del Carmen, el tramo peatonal de la Quinta Avenida es perfecto para ir a las playas al norte del centro. Y en Tulum hay varios carriles-bici que irradian del centro; uno va al Parque del Jaguar y otro baja hasta la playa. Isla Mujeres y Holbox también pueden recorrerse sobre dos ruedas.

RESPETO POR LO ARTESANAL

Se desaconseja regatear con los artesanos, pues es una falta de respeto hacia su concienzudo trabajo y el coste de la materia prima. Muchos artesanos y sus familias viven de la venta de esos productos.

El cambio climático y los viajes

Es imposible ignorar el impacto de nuestros viajes y la importancia de hacer cambios. Lonely Planet anima a todos los viajeros a involucrarse en su huella de carbono. Muchas webs de líneas aéreas y sitios de reservas ofrecen la opción de compensar el impacto de los gases de efecto invernadero realizando donaciones para iniciativas respetuosas con el clima en todo el mundo.

La **calculadora de la ONU para medir la huella de carbono** muestra el impacto de los vuelos en las emisiones domésticas.

La **calculadora de emisiones de carbono de la OACI** permite analizar el CO_2 que se genera en trayectos concretos.

Accesibilidad

 ### Ruinas mayas

Pasadas las empinadas rampas de entrada a Tulum, se accede a casi todas las ruinas por caminos sin asfaltar. Chichén Itzá tiene rampas de entrada y pistas llanas de tierra que lo surcan por entero. El **Gran Museo de Chichén Itzá** (p. 60), que abrió en el 2024, también es accesible, pero queda a 2,5 km en coche de las ruinas.

 ### Quinta Avenida

El animado tramo peatonal de Playa del Carmen es totalmente accesible. Es un largo paseo sin coches lleno de tiendas, restaurantes, bares y cafés, además del **parque Los Fundadores** (p. 94), donde hay puestos de comida y artistas callejeros.

ALOJAMIENTO

Los hoteles y resorts más nuevos tienen habitaciones accesibles, las mejores en la costa caribeña. Cancún encabeza la lista con resorts que ofrecen estancias aptas para sillas de ruedas, duchas adaptadas, piscinas con zonas sin escalones y acceso directo a la playa.

 ### Cozumel

Esta isla es perfecta como destino vacacional, pues tiene caminos lisos sin adoquines y varias tiendas, restaurantes y clubes de playa accesibles. Los ferris también lo son.

IMPRESCINDIBLE ★

Algunas playas disponen de aparcamiento accesible y rampas hasta la orilla. La mejor de Cancún es la **playa Las Perlas,** que presta sillas de ruedas anfibias y tumbonas adaptadas, y hay una alfombra lisa hasta el agua. En Playa del Carmen, **Punta Esmeralda** (p. 94) es una bonita playa accesible con palapas a la sombra donde se presta equipo especializado. Ambas cuentan con personal que atiende de 9.00 a 17.00.

VIAJAR EN TREN

El nuevo Tren Maya tiene ferrocarriles y estaciones totalmente accesibles. Pero, una vez se llega al destino, hay que tomar un taxi o un autobús, pues las estaciones quedan lejos del centro.

Recursos

- **A Piece of Travel** (*apieceoftravel.com*) Conoce el terreno a fondo.
- **For Handicap Travelers** (*forhandicaptravelers.com/transportation*) Operador de Cancún que ofrece excursiones y transporte accesible.

apieceoftravel.com

 # Lo esencial

⏱ Horario comercial

Los domingos parece todo desierto y, salvo las cadenas, cierran muchos negocios y restaurantes.

Yacimientos arqueológicos 8.00-16.00

Oficinas y servicios gubernamentales 9.00-17.00 lu-vi, a veces 10.00-15.00 sa

Tiendas 10.00-18.00

Restaurantes Almuerzo 12.00-16.00, cena 18.00-21.00

Bancos 9.00-17.00 lu-vi

Cafés 8.00-21.00

Cenotes 9.00-17.00

Museos 9.00-17.00 ma-do

A TENER EN CUENTA

Hora local Hora del Centro (GMT/UTC −6)

Código regional 998

Emergencias 911

Población 1,9 millones de hab.

ELECTRICIDAD
120V/60Hz

📅 Fiestas oficiales

Año Nuevo 1 de enero

Día de la Constitución 5 de febrero, pero se celebra el primer lunes de febrero

Día del Nacimiento de Benito Juárez 21 de marzo, pero se celebra el tercer lunes de marzo

Día del Trabajo 1 de mayo

Día de la Independencia 16 de septiembre

Día de la Revolución 20 de noviembre, pero se celebra el tercer lunes de noviembre

Día de Navidad 25 de diciembre

Algunos sitios también cierran en las siguientes fechas:

Día de la Bandera 24 de febrero

Viernes Santo Dos días antes de Pascua

Día de la Raza (El "descubrimiento" del Nuevo Mundo por Colón) 12 de octubre

Día de Muertos 1 y 2 de noviembre

ℹ Otras informaciones esenciales

Lavabos públicos Escasean. Hay que ir a hoteles, restaurantes, museos o estaciones de autobús (suelen costar 10 MXN).

Fumar Prohibido en espacios públicos cerrados.

Pesos y medidas Rige el sistema métrico decimal.

Idioma

El español es la lengua más hablada del país —por más del 85 % de la población—, pero el mapa lingüístico mexicano es amplio y diverso. En él conviven decenas de lenguas originarias que han sobrevivido al paso del tiempo y siguen dando forma a la vida cotidiana y la identidad del país.

El español

Más de 120 millones de mexicanos hablan español, casi todos con dominio nativo. Suena distinto al de España: su ritmo es más pausado y está lleno de giros propios y palabras heredadas de las lenguas indígenas. Algunas se usan también en España: chocolate, tomate, aguacate, coyote son palabras que provienen del náhuatl, la lengua del antiguo Imperio mexica. También son habituales los diminutivos (poquito, cafecito, ahorita), que se usan para suavizar y para mostrar cercanía.

Lenguaje coloquial

¿Qué onda? ¿Qué pasa?
¡Qué padre! ¡Genial!
Fregón. Muy bueno, genial, impresionante.
Irse de reventón. Salir de fiesta.
¡Vámonos de reventón! ¡Vámonos de fiesta!
Me late. Me gusta, me encanta, me parece muy bien, me apetece.
¡No mames! ¡No digas tonterías!
Me vale madre. No me importa.
Echar la hueva. No hacer nada, holgazanear.
Chido. Bueno, bonito.

Las lenguas indígenas

Junto al español, México reconoce oficialmente 68 lenguas indígenas nacionales. Entre las lenguas más habladas están el náhuatl, el maya yucateco, el zapoteco, el mixteco, el tzeltal, el tzotzil. Algunas, como el náhuatl o el maya, cuentan con muchos hablantes, pero otras están en riesgo de desaparecer.

El maya yucateco

El territorio que hoy ocupan Cancún y la Riviera Maya fue durante siglos el corazón de la civilización maya. Su herencia sigue viva no solo en las ruinas, sino también en la lengua: el maya yucateco. Con unos 860.000 hablantes, el maya es la segunda lengua indígena más hablada de México después del náhuatl. En los mercados, en los pueblos del interior o en las comunidades rurales, todavía es común escucharlo en las conversaciones cotidianas.

Expresiones básicas en maya

Bix a beel	**Yuum bo'otik**	**Je'el**
¿Cómo estás?	Gracias	Sí
Ma'alob	**K'inam ka'aj**	**Ma'**
Bien	Por favor	No
		K'a'atech uts
		Adiós

Ruinas de Chichén Itzá.

Índice

Véase también los subíndices:

⚜ **Comer** p. 156
🍷 **Beber** p. 157
🛍 **Comprar** p. 157

Puntos de interés p. 000
Págs. de los planos **p. 000**

155

Comer

Beber

Comprar

La opinión del lector

Nos encanta escuchar a los viajeros, ya que con sus comentarios nos ayudan a mejorar nuestros libros. Podéis escribirnos a lonelyplanet.com/contact; leemos todos los mensajes y garantizamos que estos lleguen a los autores.

Nota: Es posible que algunos fragmentos de estos mensajes aparezcan en nuevas ediciones de las guías Lonely Planet, en la web o en productos digitales. Si preferís que vuestro contenido o nombre no sean publicados, por favor, indicadlo claramente. Para obtener una copia de nuestra política de privacidad, podéis visitar lonelyplanet.com/legal.

geoPlaneta
Av. Diagonal 662-664, 08034 Barcelona
www.geoplaneta.com – www.lonelyplanet.es

Lonely Planet Global Limited
Lonely Planet Global Limited, Digital Depot,
The Digital Hub, Dublín D08 TCV4, Irlanda
www.lonelyplanet.com
Contacta con Lonely Planet en: lonelyplanet.com/contact

Aunque Lonely Planet, geoPlaneta y sus autores y traductores procuran que la información sea lo más precisa posible, no garantizan la exactitud de los contenidos de este libro, ni aceptan responsabilidad por pérdida, daño físico o contratiempo que pudiera sufrir cualquier persona que lo utilice.

Cancún y la Riviera Maya de cerca
3ª edición en español – febrero del 2026
Traducción de *Pocket Cancún & the Riviera Maya*,
2ª edición – octubre del 2025
© Lonely Planet Global Limited
1ª edición en español – marzo del 2011

Editorial Planeta, S.A.
Av. Diagonal 662-664, 7°. 08034 Barcelona (España)
Con la autorización para la edición en español de Lonely Planet Global Limited, Digital Depot,
The Digital Hub, Dublín, D08 TCV4, Irlanda

© Textos y mapas: Lonely Planet, 2026
© Fotografías: según se relaciona en cada imagen, 2026
© Edición en español: Editorial Planeta, S.A., 2026
© Traducción: Carmen Gómez Aragón, 2025

ISBN: 978-84-08-31180-5
Depósito legal: B. 16.514-2025
Impresión y encuadernación: Unigraf
Printed in Spain – Impreso en España